À mes parents,
Suzanne et Claude

Pièges & défis

EXPÉRIENCES SCIENTIFIQUES

Textes et dessins scientifiques

Alain Schuhl

Illustrations

Jacques Lerouge

rue des enfants

ISBN : 978-2-35181-157-3
Imprimé à Dubaï
Dépôt légal : septembre 2011
Loi n°49-956 du 16 juillet 1949
sur les publications destinées à la jeunesse

SOMMAIRE

INTRODUCTION

Pas besoin d'être un savant pour aborder ce livre : les expériences sont conçues pour être réalisées sans aucune connaissance scientifique. Elles sont faciles à reproduire, le peu de matériel nécessaire est présent dans la plupart des cuisines. Leurs résultats sont surprenants et défient notre bon sens. Comment imaginer en effet qu'une feuille de papier est aussi difficile à soulever qu'un éléphant ? Pourquoi dès que deux ballons communiquent, c'est le petit qui se vide dans le grand et non l'inverse ?

Nous sommes pourtant dans le domaine scientifique, loin de la magie. Pour chaque expérience, le lecteur découvrira des explications simples et rigoureuses basées sur quelques grands principes de la physique, comme par exemple la poussée d'Archimède ou les lois fondamentales de l'équilibre des corps. En s'appuyant sur une observation précise du déroulement de l'expérience, elles lui permettront de comprendre comment son intuition a été mise en défaut.

Ludiques et spectaculaires, ces expériences illustrent clairement les grands principes abordés et entraînent ainsi le lecteur dans le monde fantastique de la physique.

Matériel nécessaire

Le presse-papiers
une règle d'environ 30 cm,
une table,
un marteau,
une feuille de papier journal.

La force de l'air
un sac en plastique,
un, deux, trois, voire quatre gros livres,
une table.

Un bouchon qui dit non
une bouteille en plastique à goulot large,
un bouchon en liège,
une paire de ciseaux ou un couteau pointu.

Les caprices de la flamme
un entonnoir de cuisine,
une bougie.

La loi du plus fort
deux ballons de baudruche,
un tube.

Un rond presque parfait !
du fil à coudre,
des ciseaux,
une assiette emplie d'eau,
une allumette,
du savon liquide.

De la taille des gouttes
un compte-gouttes,
un stylo feutre,
de l'eau,
de l'alcool pharmaceutique.

Superficielle, mais efficace !
un verre,
de l'eau,
une carte à jouer plus large que le verre,
une paille.

Courants d'air
des feuilles cartonnées,
des ciseaux,
un compas pour dessiner les disques,
du papier adhésif,
un petit entonnoir,
une punaise.

Et pourtant, il vole !
une feuille de papier,
des ciseaux,
du papier adhésif,
une règle.

Du vent pour moteur
du papier cartonné,
du papier adhésif,
une table,
une paille.

La feuille capricieuse
une feuille de papier,
deux livres.

La petite balle qui monte
un sèche-cheveux,
une balle de ping-pong.

Prisonnier entre deux eaux
un verre d'environ 15 cm de hauteur,
de l'eau,
un œuf cru,
du sel,
une cuillère.

La valse du raisin sec
un grand verre,
une boisson gazeuse transparente,
des grains de raisin sec.

Le whisky du capitaine
de l'alcool à 90°,
un grand verre,
de l'eau,
une cuillère,
de l'huile.

Un bouchon dompté
un grand bol,
de l'eau,
un couteau,
un bouchon en liège.

L'œuf piégé
un œuf dur épluché,
une carafe,
des allumettes,
un morceau de papier journal.

▲ *Attention, certaines expériences nécessitent la présence d'un adulte.*

L'assiette asséchée
l'enveloppe métallique d'une bougie chauffe-plats,
une assiette emplie d'eau,
une boule de papier journal,
un verre qui résiste à la chaleur,
des allumettes.

Un trombone en expansion
un trombone,
une pince,
une paille,
une feuille de carton épais,
un stylo,
une épingle,
une table.

Un pari impossible
un ballon en caoutchouc,
une bouteille en verre.

La pièce retrouvée
une pièce,
un bol,
de l'eau.

Un mirage sucré !
du papier adhésif,
une torche puissante,
une boîte à chaussures,
du sucre,
de l'eau,
un récipient transparent.

Pièges à lumière
une aiguille,
une grande boîte de céréales,
une lampe de poche,
un grand panneau de carton.

Comment voir le son ?
un tube d'environ 5 cm de diamètre,
une toile (genre ballon de baudruche),
un élastique,
un petit miroir ou un morceau de papier d'aluminium,
du papier adhésif,
une lampe de poche,
une table,
une feuille de papier.

La disparition du magnétisme
un morceau de fil de fer,
un aimant,
une épingle,
un bouchon en liège,
une bougie.

La boussole affolée
un aimant,
une aiguille,
un bol d'eau,
un couteau,
deux cuillères,
une pile.

Une pile de pièces
dix pièces de 20 centimes,
une feuille d'aluminium,
des mouchoirs en papier,
de l'eau salée.

La valise magique
un tournevis,
du fil électrique,
une pile de 4,5 volts,
une dizaine de trombones.

Les pieds sur la tête
une allumette,
un bouchon de liège,
deux fourchettes,
une chaise.

La force du papier
une feuille de papier,
deux livres,
une pierre,
du papier adhésif.

L'art du paquetage
quelques livres,
du fil à coudre.

L'aiguille perceuse
une aiguille,
un bouchon,
un couvercle,
une pince,
un marteau,
une rondelle de liège.

Une affaire de pression

L'union fait la force !

Un gaz ressemble à une piste d'autos-tamponneuses. Les particules élémentaires, les **molécules** ou les **atomes**, s'y déplacent avec des vitesses de plusieurs centaines de mètres par seconde. Elles se cognent régulièrement entre elles et sur les parois qu'elles rencontrent. Chacun de ces chocs exerce une petite poussée. Elle est plutôt minuscule, mais comme d'un autre côté le nombre de chocs est gigantesque, le bilan global de ces chocs est loin d'être négligeable.

C'est tout simplement la **pression** du gaz.

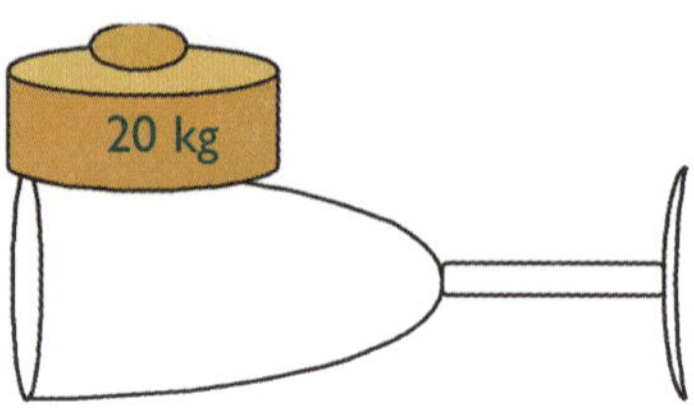

➤ Habituellement, la pression de l'air produit sur chaque cm^2 une force équivalente à 1 kilo de matière posée dessus. Sur l'extérieur d'un verre en cristal, cela représente une vingtaine de kilos.

➤ Il y a là de quoi le faire exploser, et pourtant, il résiste ! C'est tout simplement parce que l'air se glisse partout. La pression est la même à l'intérieur et à l'extérieur du verre. Les forces se compensent et rien ne bouge !

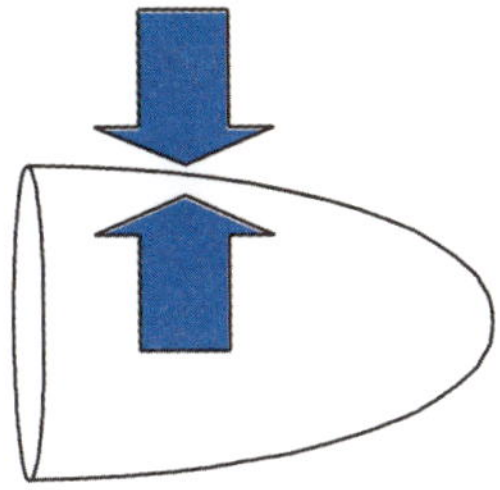

La pression de l'air extérieur au verre est équilibrée par la pression de l'air situé à l'intérieur.

La formidable puissance que peut produire la pression de l'air a été mise en évidence dès 1654 par l'expérience célèbre des hémisphères de Magdebourg. Pour la réaliser, le bourgmestre de cette ville d'Allemagne fit construire deux chaudrons identiques en cuivre. Placés l'un contre l'autre, ils formaient une sphère.

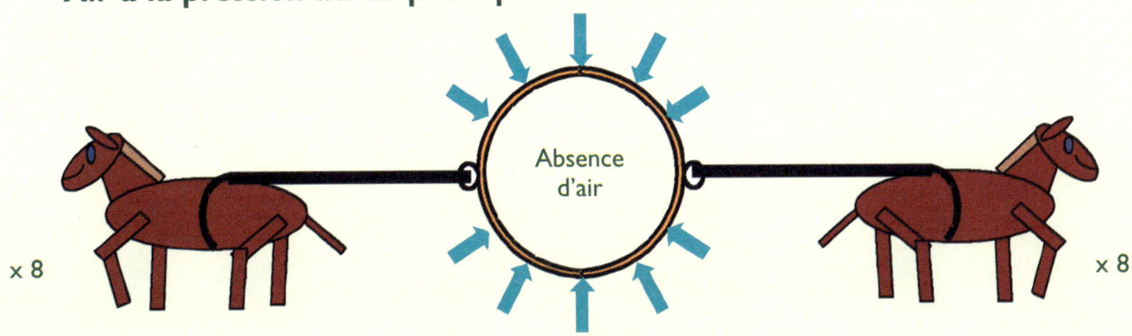

Il utilisa un robinet placé sur un des chaudrons et une pompe à vide pour retirer l'air de l'intérieur de la sphère. Une fois le vide obtenu, 16 chevaux tirèrent de toutes leurs forces pour tenter de séparer les deux chaudrons. Rien n'y fit… ils restèrent plaqués l'un sur l'autre. La force qui les unissait était en effet colossale, car la pression atmosphérique (pression de l'air) extérieure n'était pas compensée puisqu'il n'y avait plus d'air à l'intérieur.

Le presse-papiers

❶ Placez une règle d'environ 30 cm sur le bord d'une table, de telle manière qu'elle déborde de 7 à 8 cm. Si vous donnez un coup de marteau sur la règle, celle-ci s'envole.

❷ Replacez la règle. Posez alors une feuille de papier dessus bien à plat. Donnez un coup de marteau sec sur la partie de la règle qui dépasse. La règle reste plaquée à la table. C'est la table qui bouge.

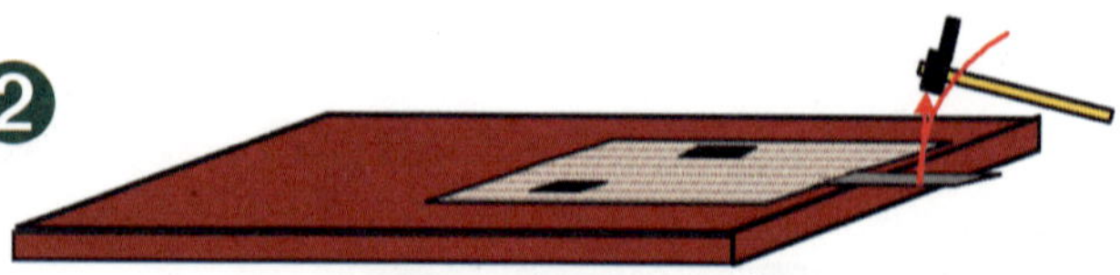

❸ Pourtant, ce n'est pas le poids du papier qui empêche la règle de s'envoler. Replacez la règle. Roulez la même feuille de papier en boule, puis posez-la sur la règle. Au moindre coup de marteau, papier et règle décollent.

➤ Lorsque vous appuyez doucement sur la règle, la feuille se déplace lentement. Cela laisse le temps à l'air de se glisser en dessous. La **pression** que l'air exerce sur le dessus de la feuille est alors compensée par celle exercée sous la feuille. Comme la feuille est légère, elle est facile à déplacer.

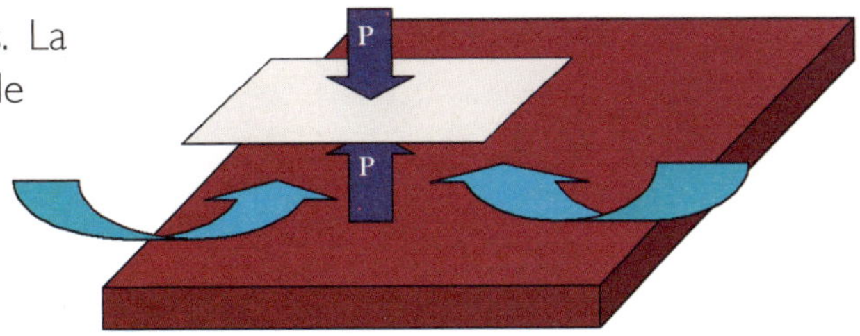

➤ En revanche, si vous frappez un coup sec, l'air n'a pas le temps de se glisser entre la table et la feuille. Pour la soulever, vous devez alors lutter contre la pression de l'air qui appuie sur la feuille, et c'est beaucoup plus difficile. Et pour cause, l'effet de la pression atmosphérique est le même que si vous posiez 1 kg sur chaque cm2 de la feuille. Avec une feuille de papier journal, cela revient à vouloir soulever une tonne. Vous avez beaucoup plus de chance de déplacer la table et même de casser la règle.

➤ Si vous placez sur la règle un corps présentant une faible surface de contact, comme la feuille de papier roulée en boule, vous n'avez aucune difficulté à la projeter. Ce qui compte, c'est donc la surface qui subit la pression atmosphérique.

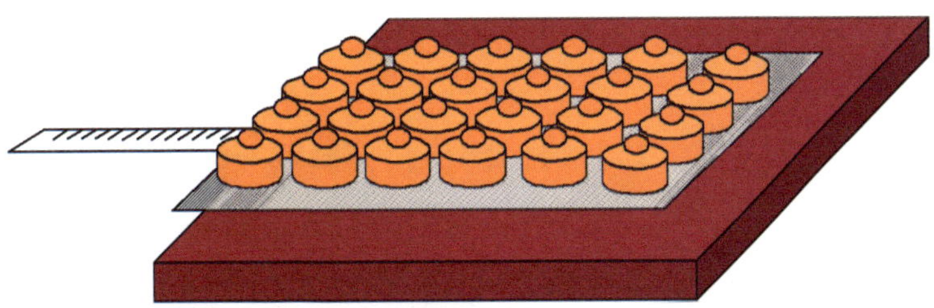

La force de l'air

❶

Placez un sac en plastique bien à plat sur une table, puis posez dessus un, deux, trois, voire quatre gros livres.

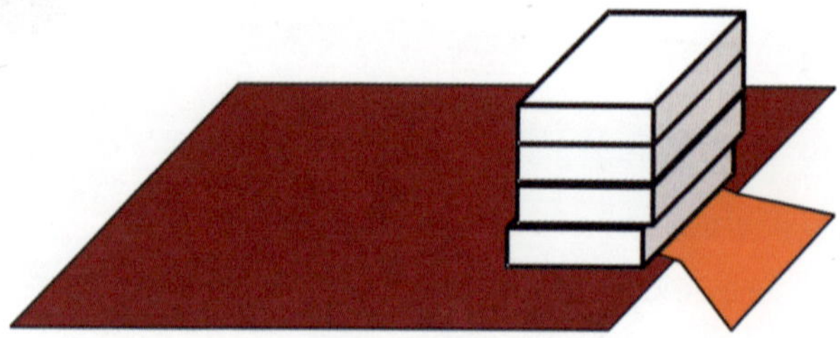

❷

Soufflez dans le sac. Il se gonfle en soulevant les livres.

L'édifice finit par se renverser.

❸

➤ C'est la **pression** de l'air qui permet au sac d'être plus fort que le poids des livres. En soufflant dans le sac, vous augmentez la pression de l'air qui s'y trouve enfermé. Même si l'augmentation est faible, la force qui en résulte peut être importante. Ainsi, si la pression augmente de 10 %, avec un tout petit cm^2 vous pouvez soulever 100 g de matière. Avec une surface de contact entre le sac et le livre de 600 cm^2, ce qui correspond à des livres d'environ 20 cm x 30 cm, vous pouvez donc soulever jusqu'à 60 kilos.

Comme les deux parties communiquent, la pression est la même des deux côtés.

➤ Les grues hydrauliques utilisent la pression d'un liquide pour soulever de lourdes charges. Là encore, la force est égale au produit de la pression par la surface. Avec une petite charge P_1 on peut créer une surpression importante pour peu qu'elle s'appuie sur une petite surface (S_1). Cette surpression est transmise par le liquide à un plateau de grande surface (S_2). Si S_2 est 100 fois plus grande que S_1, le système permet de soulever une charge 100 fois plus importante que P_1.

Un bouchon qui dit non

Procurez-vous une bouteille en plastique à goulot large. Une bouteille de lait rincée fera l'affaire. Posez-la bien à plat sur la table et placez sur le goulot un bouchon en liège.

❶

❷

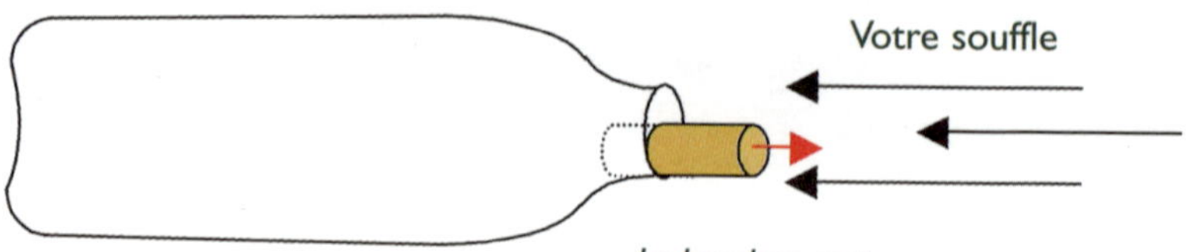

Le bouchon sort.

Soufflez sur le bouchon. Vous ne parviendrez pas à le faire entrer dans la bouteille. Au contraire, il en sortira violemment !

❸

À l'aide d'une paire de ciseaux ou d'un couteau pointu, faites un trou dans le fond de la bouteille et recommencez.
Cette fois, le bouchon entre.

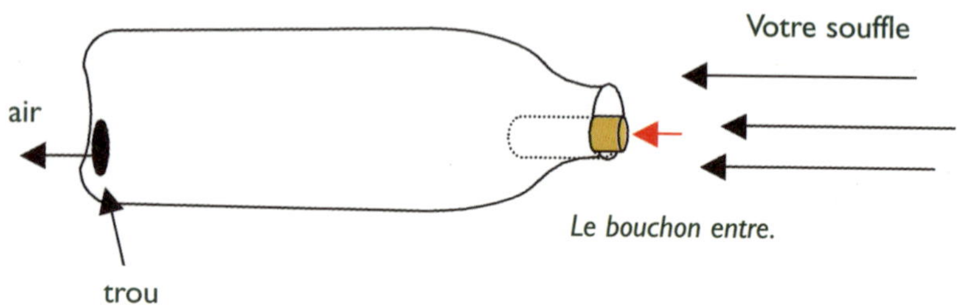

Le bouchon entre.

➤ Lorsque, sous l'effet de votre souffle, de l'air entre dans la bouteille, cela a tendance à augmenter la **pression** à l'intérieur de la bouteille. Mais comme à l'extérieur, la pression ne bouge pas, le surplus d'air ne demande qu'à sortir pour rééquilibrer les pressions. Ces deux effets sont contradictoires. La situation serait bloquée sans la présence du bouchon qui impose un sens de circulation. L'air pénètre dans la bouteille en empruntant la partie du goulot qui n'est pas obstruée par le bouchon (1). Puis, il rebondit sur le fond de la bouteille (2) avant de buter sur le bouchon qu'il repousse (3).

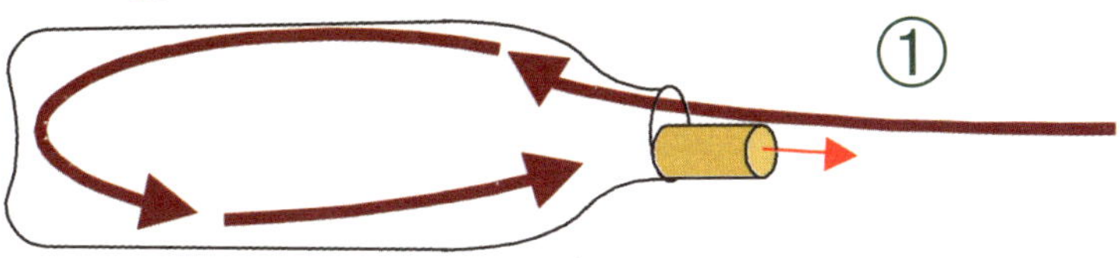

➤ Entraîné par le courant, le bouchon sort.
Et comme la force du courant de retour est directement liée à la puissance du jet d'air qui pénètre dans la bouteille, le bouchon s'échappe avec d'autant plus de force que votre souffle est puissant.
Par contre, lorsque la bouteille est percée vers l'arrière, l'air entre par devant et ressort par derrière. Le courant d'air entraîne tout sur son passage et le bouchon rentre dans la bouteille.

Les caprices de la flamme

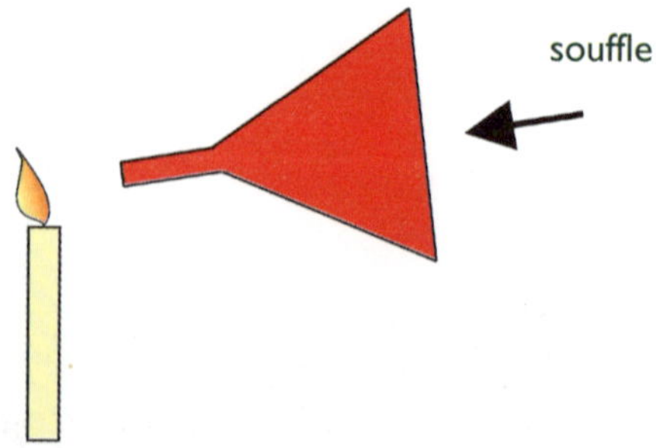

1

Placez l'orifice étroit d'un entonnoir devant la flamme d'une bougie et soufflez du côté opposé. Comme vous vous y attendez, la flamme de la bougie s'écarte de vous !

2

Retournez l'entonnoir de manière à ce que la flamme soit dans son axe et soufflez à nouveau sur la flamme. Elle se rapproche de vous. Comme votre vue risque d'être gênée par l'entonnoir, demandez à un ami de souffler pendant que vous regardez la flamme.

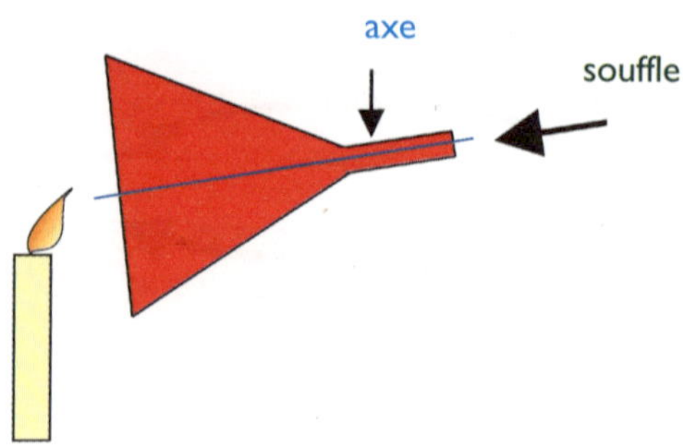

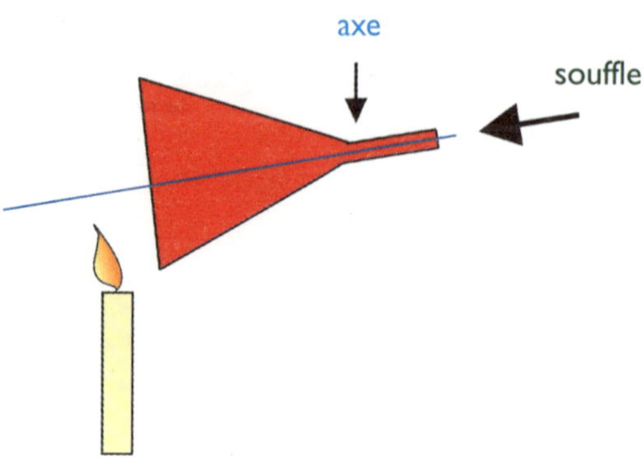

3

Maintenant, déplacez l'entonnoir vers le haut, en mettant sa paroi près de la flamme. Le déplacement de la flamme change à nouveau de côté.

➤ Dans tous les cas, la flamme de la bougie indique la direction du déplacement de l'air à l'endroit où elle se trouve. C'est la circulation de l'air qui est parfois capricieuse.

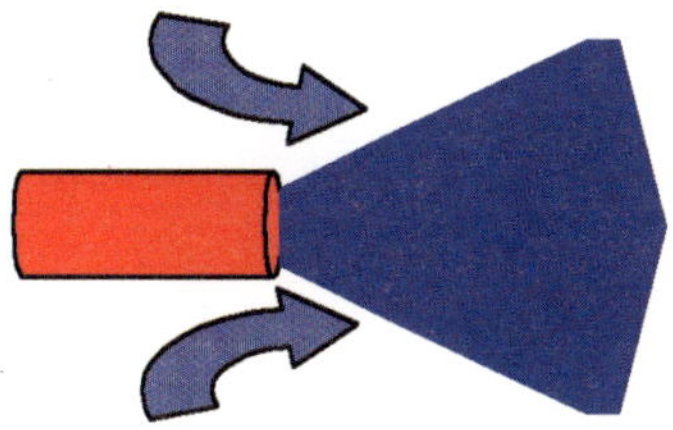

Lorsqu'un courant d'air sort de l'embout étroit, d'une part il se disperse dans toutes les directions et d'autre part cela induit un effet d'aspiration sur l'air qui l'entoure.

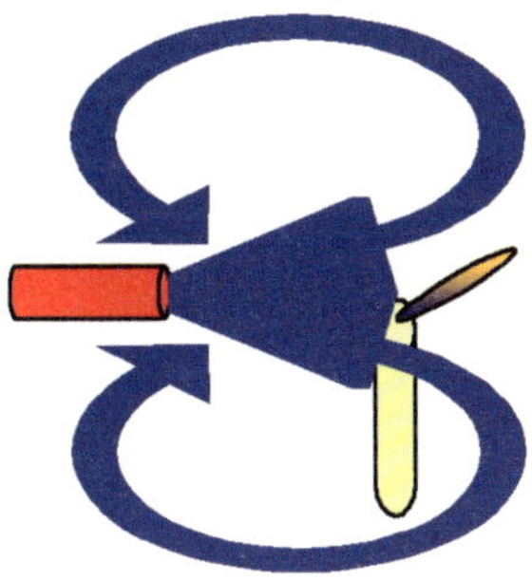

➤ Pour que les deux effets puissent se produire simultanément, un mini-tourbillon s'instaure à la sortie de l'entonnoir. La flamme de la bougie située au centre du courant est poussée vers l'avant.

Dans l'autre sens, lorsque l'air sort par le grand côté de l'entonnoir, les parois empêchent la formation de ce tourbillon. En revanche, l'air qui rebondit sur les parois revient vers l'axe de l'entonnoir.

➤ Il en résulte un tourbillon qui cette fois tourne dans l'autre sens. Résultat : si la flamme se trouve sur l'**axe** (a), le courant d'air la ramène vers l'entonnoir. Loin de l'axe (b), elle continue à être écartée de l'entonnoir par le courant d'air sortant.

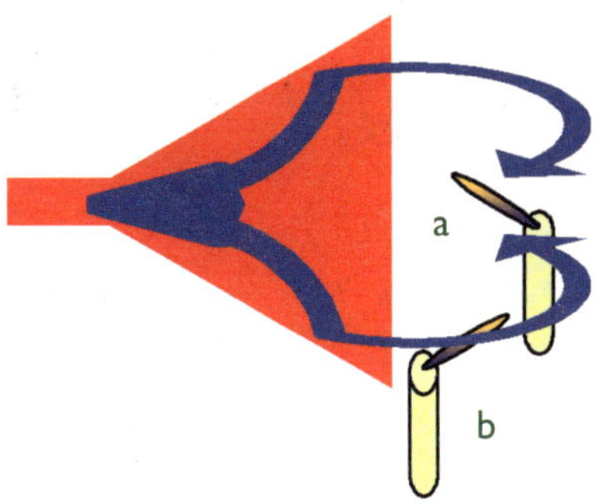

La surface des choses

La surface d'un liquide est parfois infranchissable !
Le métal est plus **dense** que l'eau. Il devrait couler à pic.
Et pourtant, il est possible de faire flotter une aiguille à coudre en métal.

➤ Après l'avoir frottée entre vos mains, déposez-la délicatement à la surface de l'eau. Elle flotte ! Pour comprendre ce tour de force, observez bien la surface de l'eau quand l'aiguille est posée dessus.
Elle se déforme légèrement sous l'effet du poids de l'aiguille, comme le ferait une toile tendue.

Il y a visiblement une force qui empêche l'aiguille de pénétrer dans l'eau. Comme elle est liée à la cohésion de la couche superficielle du liquide, on l'appelle **tension superficielle**. Son origine se trouve dans les forces qui existent entre les **molécules** d'eau.

➤ Au cœur du liquide, chaque molécule d'eau est composée d'un **atome** d'oxygène et de deux atomes d'hydrogène. Elle est neutre électriquement, ce qui signifie tout simplement que la charge électrique totale qu'elle porte est nulle (les charges positives et négatives se compensent). Par ailleurs, les charges positives ne sont pas placées à l'identique des charges négatives. Chaque atome d'hydrogène donne un peu de charge négative à l'atome d'oxygène. Ainsi, une molécule d'eau est composée d'une tête négative et de deux têtes positives.

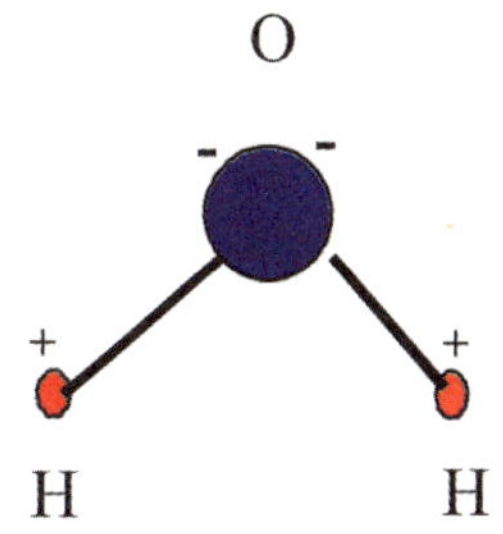

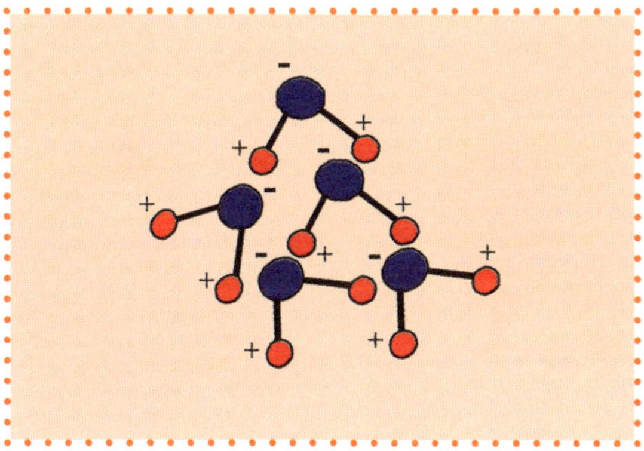

➤ Le pôle positif d'une molécule d'eau se rapproche du pôle négatif des molécules voisines. En effet, deux charges électriques de signe opposé s'attirent. Là est l'origine de la forte cohésion de l'eau.

Pour se frayer un chemin dans l'eau afin d'atteindre le fond, l'aiguille doit d'abord casser ces liaisons. Ce n'est pas toujours possible, d'autant plus qu'en la frottant entre vos doigts, vous l'avez recouverte d'une fine pellicule de graisse qui n'aime pas l'eau.

La loi du plus fort

1

Prenez deux ballons de baudruche. Gonflez-les de manière inégale. Vous obtenez un petit ballon et un grand ballon. Demandez à un ami d'en pincer les embouts pour qu'ils restent gonflés.

2

Tout en évitant qu'ils se dégonflent, reliez les deux ballons par un tube.

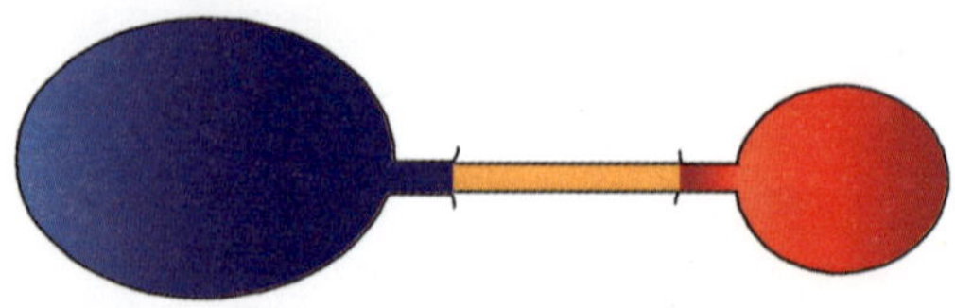

3

Laissez alors circuler l'air contenu dans les ballons. Aussi étonnant que cela puisse paraître, c'est le petit ballon qui se vide dans le gros.

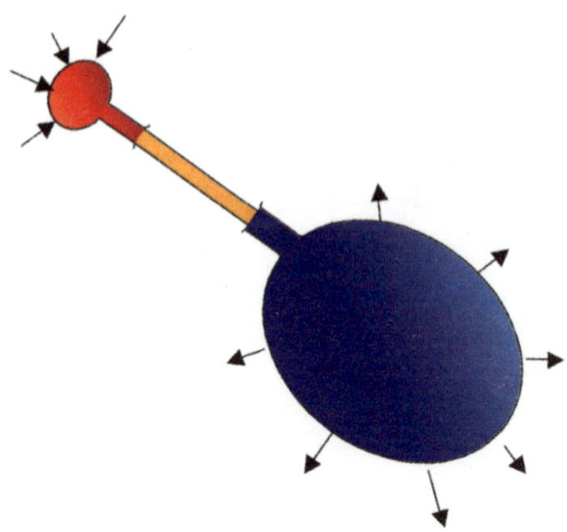

➤ Ceux qui ont déjà gonflé un ballon le savent, c'est difficile au début. Et si ensuite l'air rentre plus aisément, c'est tout simplement parce que la **pression** baisse dans le ballon au fur et à mesure que vous le gonflez. Étonnant !

Une fois tendue, la membrane d'un tambour est plane. Chaque petit morceau de sa surface est soumis à des forces opposées et égales.

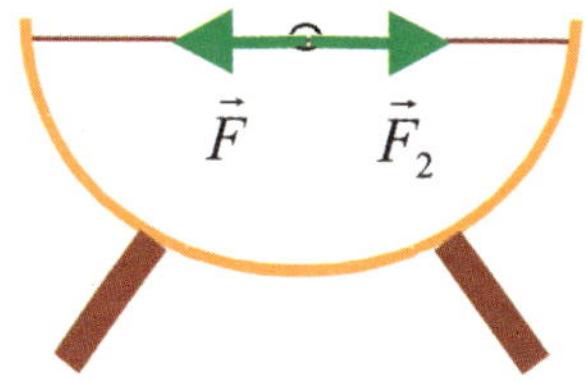

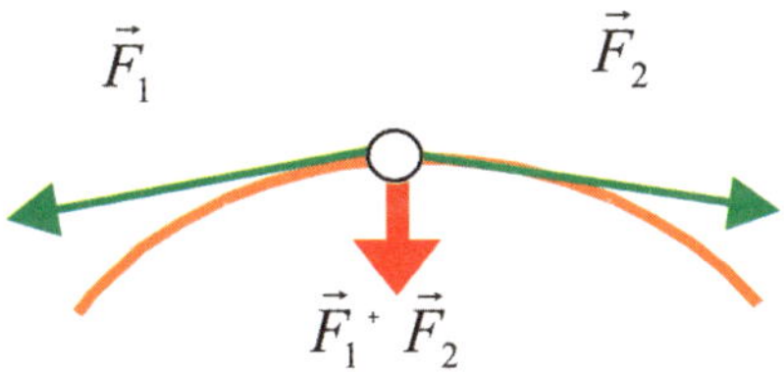

➤ La paroi d'un ballon gonflé est au contraire courbée. Les forces (en vert) qui tirent sur un point de la membrane sont légèrement inclinées. La somme de ces forces conduit alors à une petite **composante** (en rouge) **perpendiculaire** à la surface.

➤ Cette force est d'autant plus grande que la courbure de la surface est importante.
Elle est donc plus grande lorsque le ballon est peu gonflé.
En gonflant le ballon, vous introduisez de l'air qui génère une surpression à l'intérieur. La forme d'équilibre du ballon est atteinte quand la force liée à la différence de pression compense totalement la composante de la tension de la membrane dirigée vers le centre (en rouge).

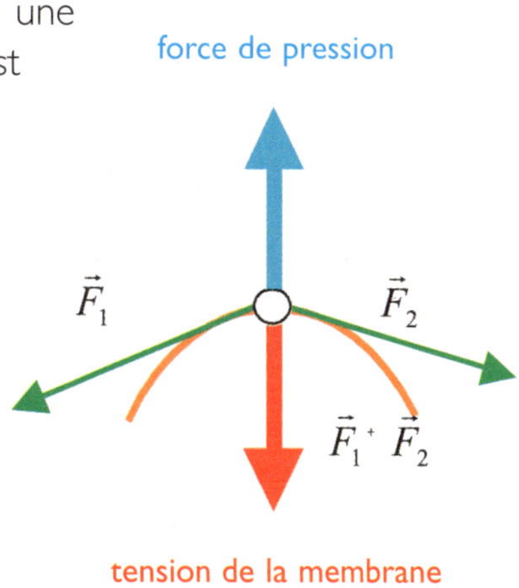

➤ Et lorsque le volume du ballon augmente, la courbure diminue. Cela induit une surpression plus faible. Autrement dit, une fois sa paroi tendue, la pression dans un ballon diminue lorsqu'on le gonfle. C'est donc logiquement que le ballon dans lequel la pression est la plus élevée se vide dans l'autre.

➤ Un rond presque parfait !

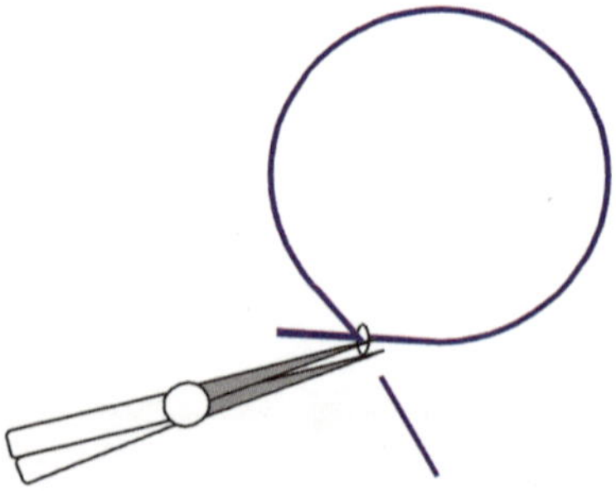

❶ Avec du fil à coudre, formez une boucle. Nouez-la pour la fermer. Puis coupez les morceaux du fil qui dépassent.

❷ Posez la boucle au centre d'une assiette emplie d'eau. Elle flotte, mais le fil est tout emmêlé.

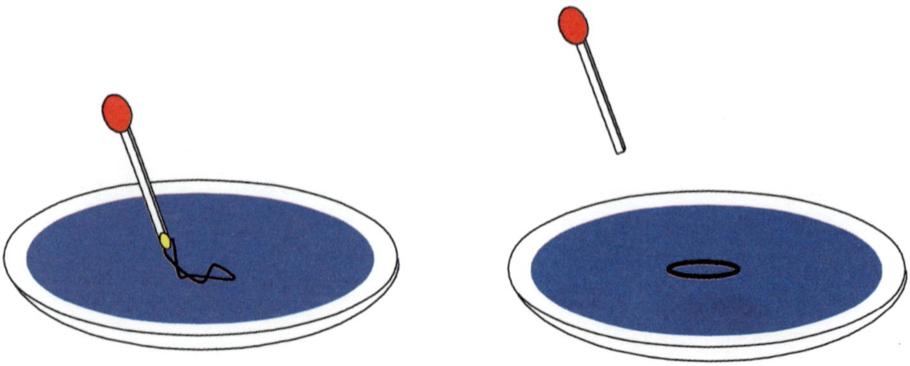

❸ Plongez le bout d'une allumette dans du savon liquide, puis mettez-le en contact avec l'eau à l'intérieur de la boucle. Immédiatement, le fil se déroule pour former un cercle presque parfait.

➤ Sur une vitre propre, une goutte d'eau s'étale. Elle couvre le maximum de surface. En revanche, l'eau ne « mouille » pas la paraffine : plongez une bougie dans l'eau, elle en ressortira sèche.
La différence se situe dans les forces qui lient les **molécules** entre elles. Les molécules d'eau contiennent des **atomes** d'hydrogène qui s'accrochent volontiers aux atomes d'oxygène contenus dans la silice du verre.
Autrement dit, les forces de liaison eau-eau sont moins fortes que les forces qui lient l'eau au verre.
Au contraire, l'eau n'aime ni la paraffine ni l'huile. Dès que la vitre est grasse, l'eau reste sous forme de bulle.

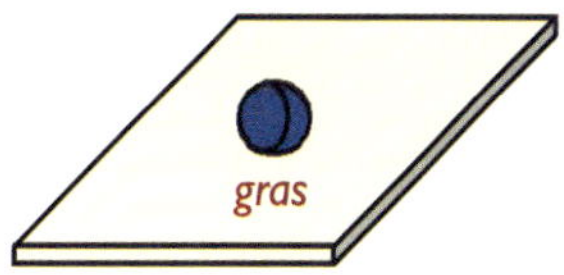

➤ Le savon et les détergents, au contraire, « mouillent » très bien la surface de l'eau.

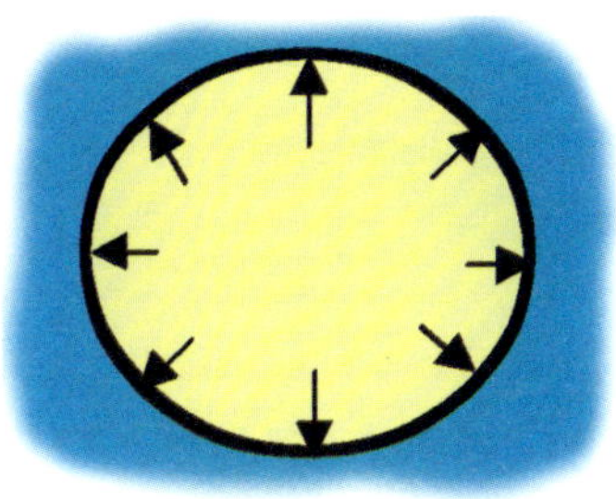

➤ Une fois l'allumette posée, un film de savon pousse sur le fil. Il a tendance à s'étendre au maximum sur la surface de l'eau, qui est avide de savon. La boucle de fil prend alors la forme qui permet, à périmètre donné, d'augmenter au maximum la surface recouverte par du savon : le cercle.

De la taille des gouttes

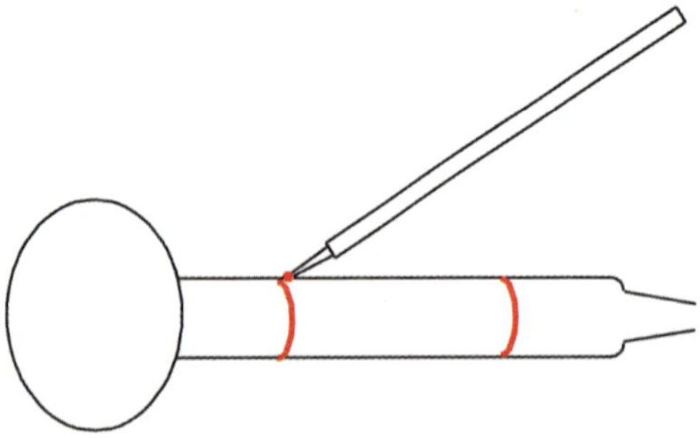

1 Procurez-vous un compte-gouttes, puis à l'aide d'un stylo feutre, tracez deux traits à quelques centimètres l'un de l'autre.

2 Remplissez le compte-gouttes d'eau et comptez le nombre de gouttes qui se forment pour que le niveau de l'eau passe d'un trait à l'autre.

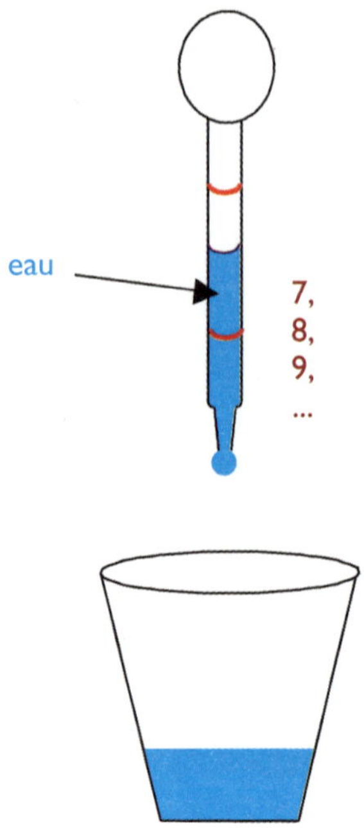

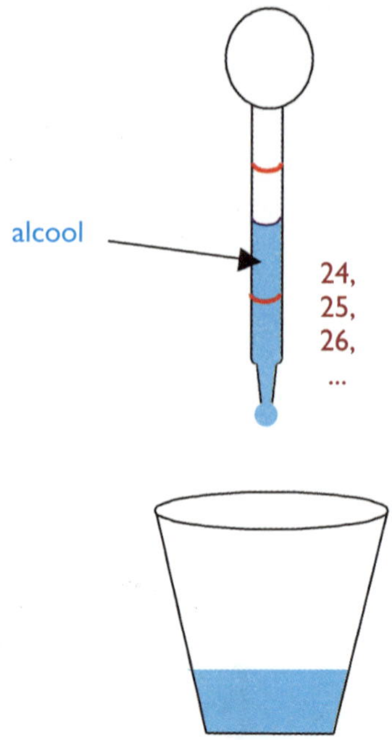

3 Recommencez avec de l'alcool pharmaceutique. Vous compterez presque trois fois plus de gouttes que pour l'eau.

➤ Comparée à une **molécule** bien calée à l'intérieur du liquide, une molécule d'eau située à la surface a moins de voisins avec qui se lier, elle est donc dans une situation moins favorable. Aussi, quand elle le peut, l'eau choisit la forme qui place le minimum de molécules en surface. Cela explique la forme sphérique des gouttes d'eau.

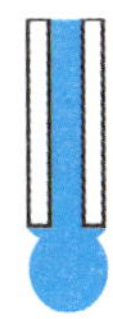

➤ L'eau qui sort du compte-gouttes est attirée vers le bas par son poids. Si elle ne tombe pas, c'est parce qu'il existe une autre force qui la retient. Pour tomber, la goutte doit se détacher du tube et ainsi augmenter sa surface libre. Et justement le liquide n'aime pas augmenter sa surface libre. Cela se traduit par une force, la **tension superficielle**. C'est elle qui retient l'eau sur le verre.

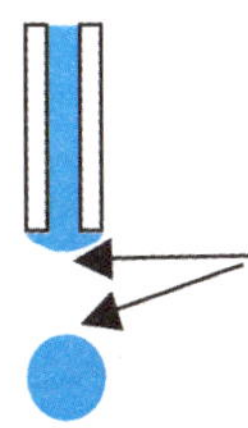

Quand la goutte se détache, la surface liquide-air augmente.

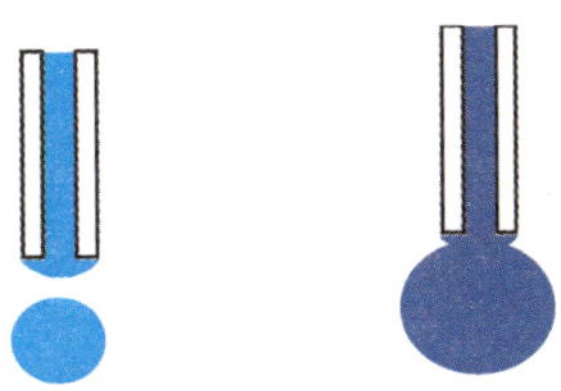

Avec une tension superficielle plus importante, les gouttes grossissent plus avant de tomber.

➤ La taille des gouttes est alors directement fixée par la valeur de la tension superficielle du liquide. Et comme celle de l'eau est trois fois plus grande que celle de l'alcool, les gouttes d'eau restent accrochées plus longtemps avant de tomber.

Elles sont alors plus lourdes et plus grosses. On en comptera donc moins pour un même volume.

Superficielle, mais efficace !

❶ Remplissez un verre d'eau. Plaquez dessus une carte à jouer plus large que le verre.

❷ Retournez alors le tout en maintenant la carte pendant la manœuvre. Lâchez la carte. Elle tient. Attention, au moindre faux mouvement, le tout tombe.

❸ Avec un peu de doigté, vous parviendrez à retourner des verres de plus en plus grands.

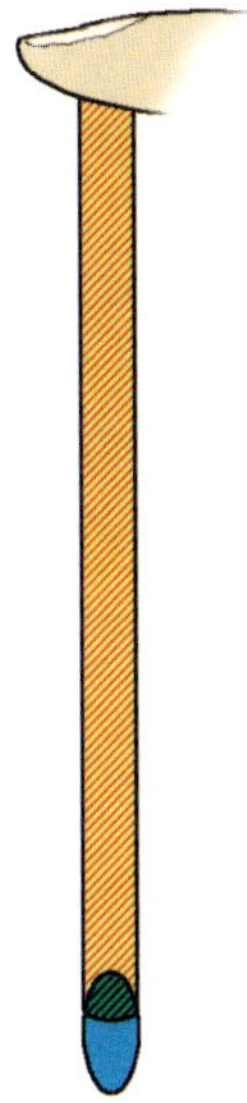

➤ Plongez une paille dans l'eau et obturez l'ouverture du haut avec votre doigt. Retirez la paille, l'eau reste piégée à l'intérieur de la paille.
Pour que l'eau puisse descendre, il faut que l'espace libéré par l'eau soit immédiatement occupé par de l'air. Placé sur la paille, votre doigt bloque le passage par le haut. L'air doit donc venir d'en bas et pour cela, traverser l'eau piégée. Mais la **tension superficielle** transforme la surface inférieure de l'eau en une barrière infranchissable.

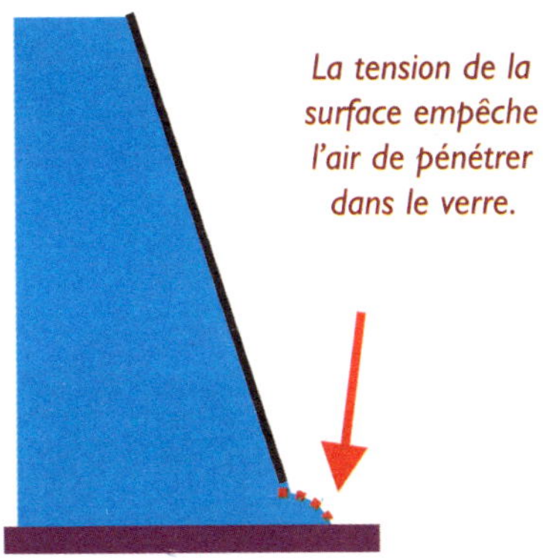

➤ C'est exactement ce qui se passe dans l'expérience du verre et de la carte, même si les masses d'eau sont beaucoup plus importantes. L'espace qui sépare la carte des parois du verre est très étroit. Comme le film d'eau est en contact avec la carte, la tension superficielle empêche que l'eau s'écoule et aussi que l'air pénètre dans le verre.

➤ Autrement dit, pour que la carte tombe, il faut que l'eau vienne avec. Comme l'air ne peut pas passer, la situation est bloquée.
Mais attention, il suffit d'une vibration pour qu'une bulle d'air pénètre et alors le tout s'écroule.

Le principe de Bernoulli

Lorsqu'un liquide circule dans un tuyau, la pression s'abaisse !
Ce principe qui porte le nom de son découvreur, le physicien suisse Daniel Bernoulli, a de nombreuses conséquences, y compris dans la vie quotidienne. D'une manière plus générale, dans un fluide (c'est-à-dire un liquide ou un gaz), la **pression** diminue lorsqu'il est en mouvement. De plus, l'abaissement de la pression est d'autant plus important que la vitesse du fluide est élevée.

➤ Dans une canalisation d'eau, le **débit** augmente avec la vitesse de circulation mais aussi avec le **diamètre** du tube. Pourtant, tout le liquide qui entre dans le tuyau en ressort à l'autre bout. Autrement dit, le débit mesuré en litre par seconde est identique sur tout le parcours du liquide.

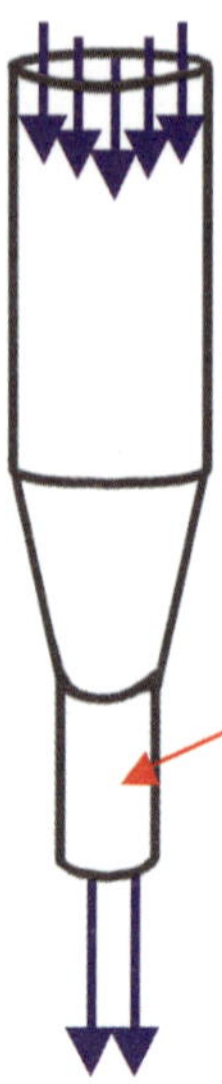

➤ Dans les parties étroites, là où le diamètre diminue, pour que le débit reste constant, l'eau circule plus vite. En vertu du principe de Bernoulli, la pression y est alors plus basse.

➤ Parmi les multiples conséquences du principe de Bernoulli, il en est une qui a provoqué de nombreux accidents maritimes. Aujourd'hui, lorsque deux bateaux filent dans la même direction, les capitaines évitent de trop se rapprocher. Pour comprendre le danger, il faut s'installer à l'avant d'un des ponts. Depuis ce poste d'observation, on remarque mieux que c'est l'eau qui se déplace. Entre les bateaux, l'espace dans lequel l'eau circule se réduit. Celle-ci accélère alors son mouvement.

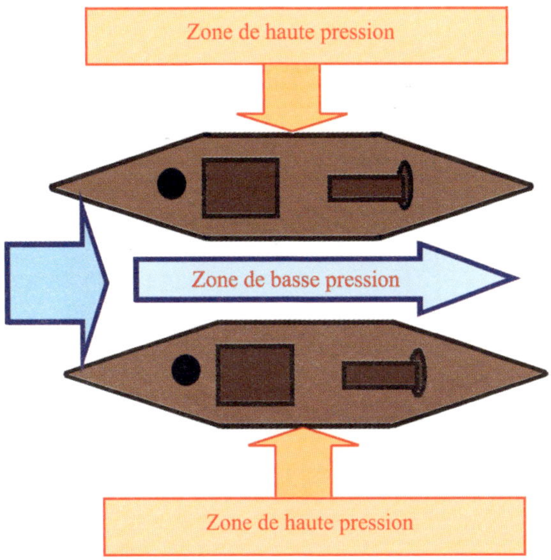

➤ Et le principe de Bernoulli est alors formel. La pression est plus basse là où le courant est le plus rapide, c'est-à-dire entre les deux navires. On peut alors constater que la pression de l'eau est moins élevée entre les navires qu'à l'extérieur. Cette différence de pression exerce une force qui attire les bâtiments l'un vers l'autre jusqu'à l'inexorable collision.

Courants d'air

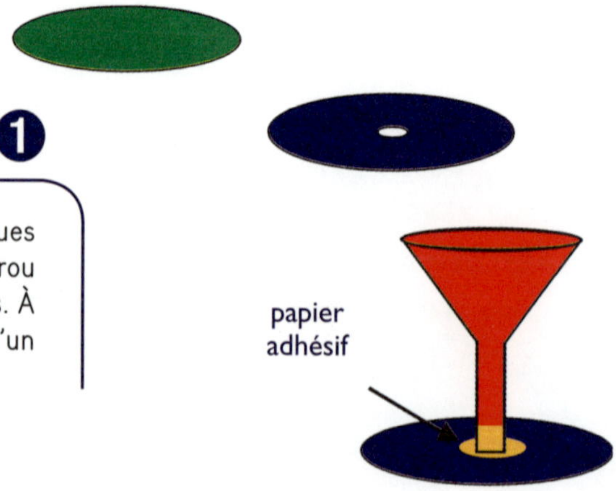

1

Dans des feuilles cartonnées, découpez deux disques identiques d'un diamètre d'environ 6 cm. Percez un trou de 3 mm de diamètre au centre d'un des deux disques. À l'aide de papier adhésif, fixez ce disque à l'extrémité d'un petit entonnoir. Le colmatage doit être étanche.

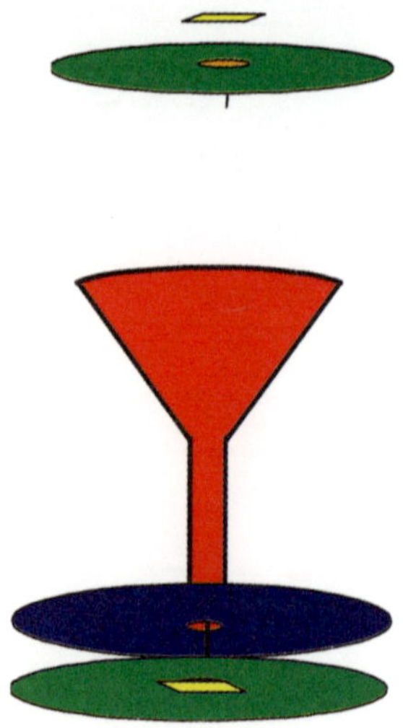

2

Plantez une punaise au centre du second disque et bloquez-la avec un morceau de papier adhésif.

Plaquez les deux disques l'un contre l'autre en introduisant la pointe de la punaise dans le trou du premier disque.

3

Placez alors le grand côté de l'entonnoir devant votre bouche en maintenant les deux disques l'un contre l'autre. Soufflez dans l'entonnoir dont le petit côté pointe vers le sol. Vous pouvez alors retirer la main, le disque restera plaqué tant que votre souffle se prolonge.

➤ Le disque mobile, celui qui n'est pas fixé à l'entonnoir, se trouve dans une position d'équilibre bien particulière. De par sa présence, l'espace par lequel l'air sort de l'entonnoir est réduit. Cela contraint l'air à se glisser à grande vitesse entre les deux disques. Et c'est justement ce courant rapide qui induit une force d'attraction entre les deux disques.

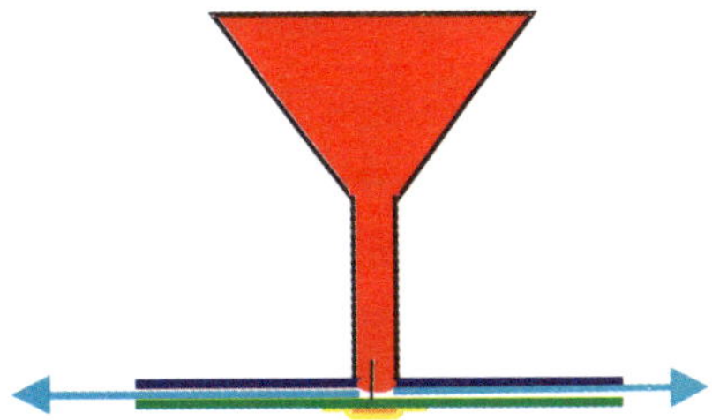

L'air sort à grande vitesse entre les deux disques.

➤ En effet, le principe de Bernoulli nous indique que la **pression** s'abaisse là où l'air circule plus vite. Elle est donc plus basse entre les deux disques qu'en dessous. Le disque mobile se trouve au-dessus d'une zone de pression normale et en dessous d'une zone de basse pression.

➤ Il en résulte une force vers le haut, suffisante pour compenser le poids du disque. Si vous augmentez la puissance de votre souffle, la vitesse de l'air s'accroît. Cela conduit à une augmentation de la force qui plaque les disques l'un contre l'autre. Si, en revanche, vous arrêtez de souffler, cette force disparaît et le disque tombe !

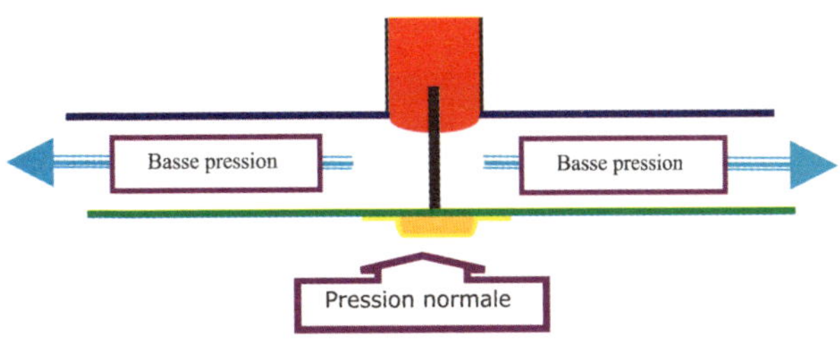

Et pourtant, il vole !

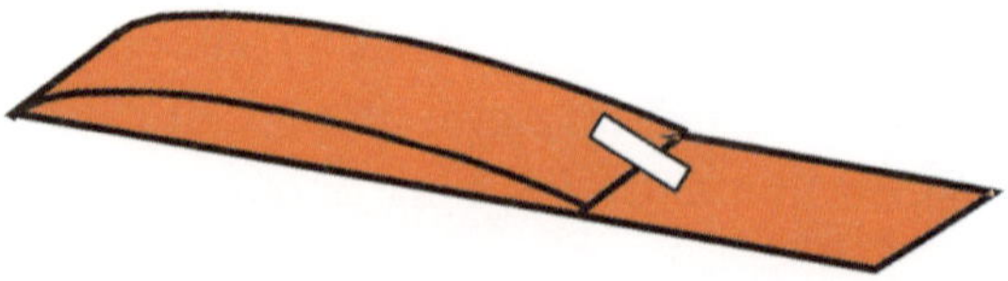

❶

Découpez une bande large d'environ 5 cm dans une feuille de papier. Pliez la bande en deux en son milieu. Puis, à l'aide d'un morceau de papier adhésif, fixez la moitié supérieure à environ 3 cm de l'autre extrémité.

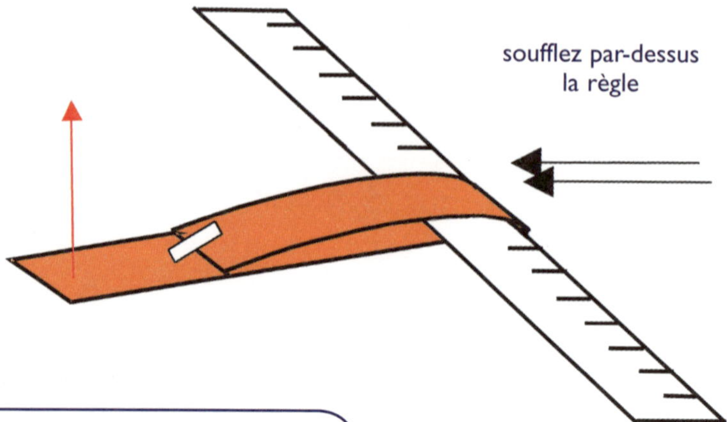

Glissez une règle dans le pli de l'aile. L'autre extrémité de l'aile pique vers le bas. Approchez votre bouche du pli de l'aile et soufflez fortement par-dessus l'aile. Non seulement celle-ci ne descend pas, mais au contraire elle se redresse.

❷

➤ Lorsqu'un avion vole, il se déplace dans l'air. Situé dans le cockpit d'un avion en vol, le pilote a l'impression que c'est l'air qui se déplace tout autour de l'avion. C'est la forme de l'aile qui permet à l'avion de voler. Sa surface supérieure est bombée, tandis qu'en dessous la surface est plate.

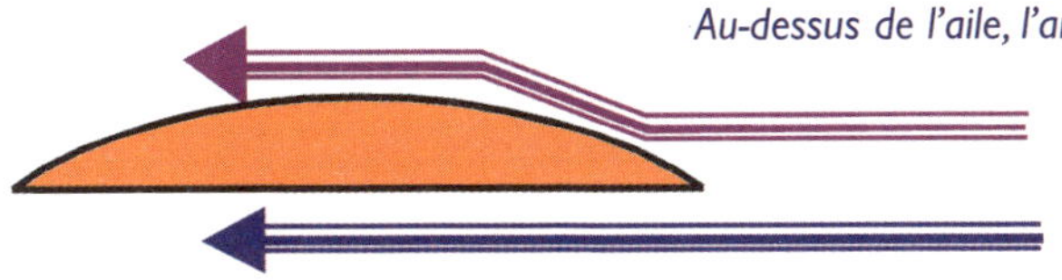

➤ Ainsi, l'air qui circule par-dessus l'aile doit parcourir une distance plus importante que l'air qui circule en dessous. Il doit donc aller plus vite. Cela produit une force qui soulève l'avion.

En effet, en vertu du principe de Bernoulli, la **pression** est plus élevée en dessous de l'aile, là où le mouvement est plus lent, et elle est plus basse au-dessus. Cette différence de pression exerce une force verticale vers le haut.
À grande vitesse, elle est suffisante pour contrecarrer le poids.

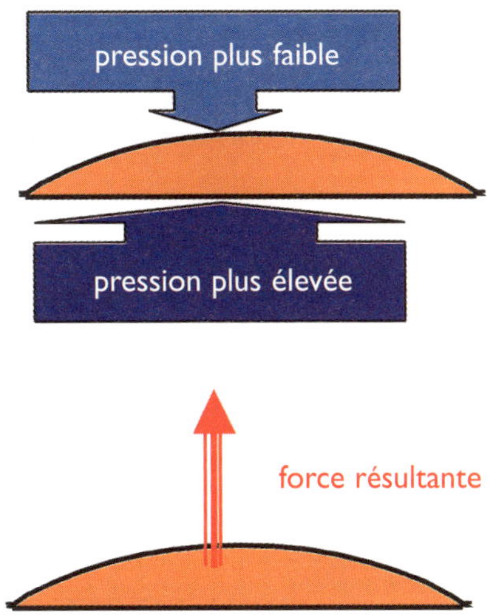

La force résultante F augmente avec la différence de pression.

➤ Finalement, c'est parce que l'avion avance qu'il peut voler et parce qu'il vole qu'il peut avancer…

Du vent pour moteur

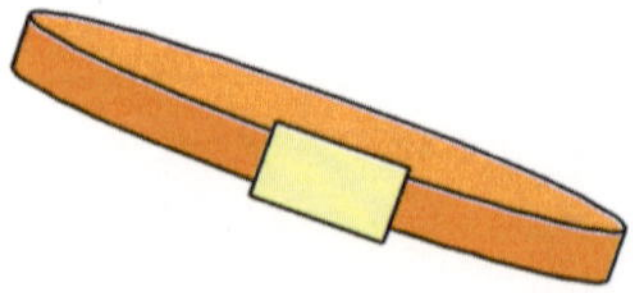

1

Avec une bande de papier cartonnée large de 2 cm et longue d'environ 20 cm, et un morceau de papier adhésif, fabriquez un anneau.

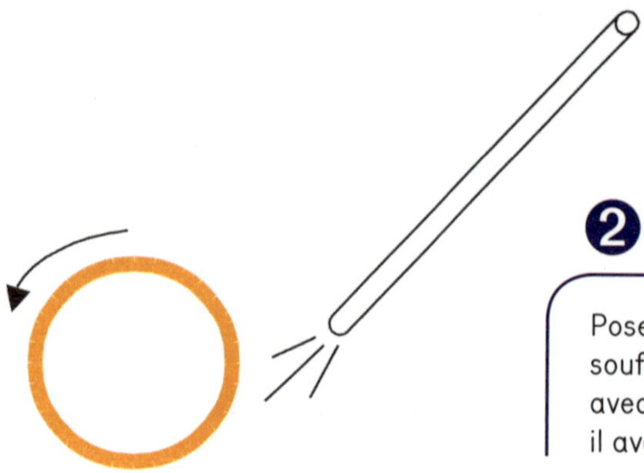

2

Posez l'anneau sur une table et soufflez-lui dessus par l'arrière avec une paille. Emporté par l'air, il avance.

3

Recommencez l'expérience en soufflant devant l'anneau. Si votre paille est bien orientée et que votre souffle ne touche pas directement l'anneau, il avance.

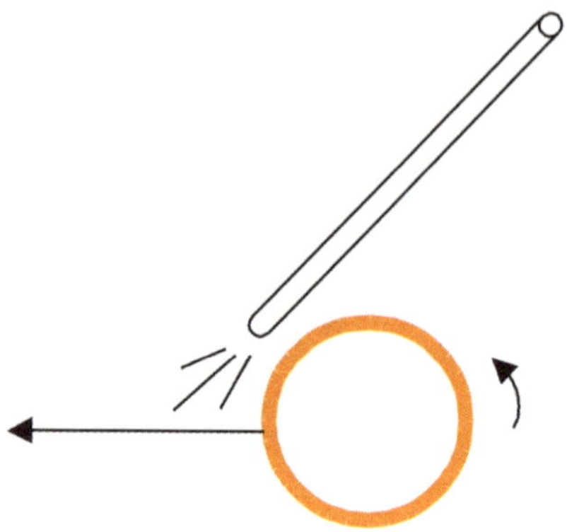

➤ Dans une pièce, la **pression** atmosphérique est uniforme, mais à l'échelle de la planète, il y a des zones de hautes pressions appelées anticyclones et des zones de basse pression : les cyclones.

➤ Naturellement, les nuages s'éloignent des hautes pressions. Ils s'accumulent dans les zones de basse pression. C'est sur ce principe que fonctionne le baromètre, il mesure simplement la pression de l'air, ce qui nous renseigne sur le temps à venir. Si la pression est haute, les nuages vont partir et il fera beau.

➤ En soufflant sur l'arrière de l'anneau avec la paille, vous créez un courant d'air qui entraîne votre anneau vers l'avant. Ce qui est surprenant, c'est qu'il avance encore lorsque l'air sort de la paille à l'avant. C'est le déplacement rapide de l'air à la sortie de la paille qui provoque une zone de basse pression vers laquelle l'anneau est aspiré comme le nuage vers le cyclone.

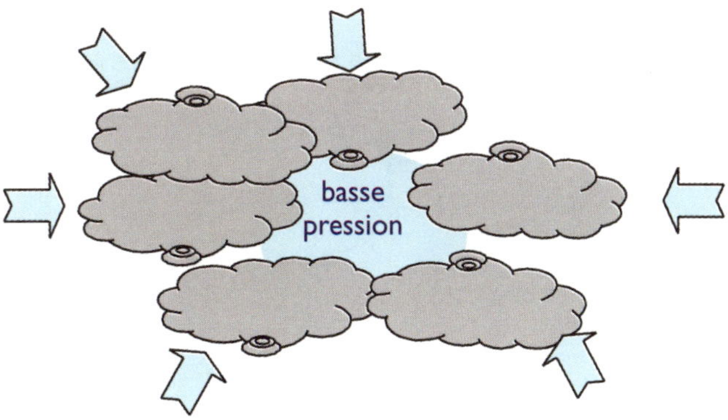

La feuille capricieuse

1

Posez une feuille de papier en suspension entre deux livres. Essayez de la soulever en soufflant par en dessous. Au lieu de s'envoler, la feuille s'enfonce !

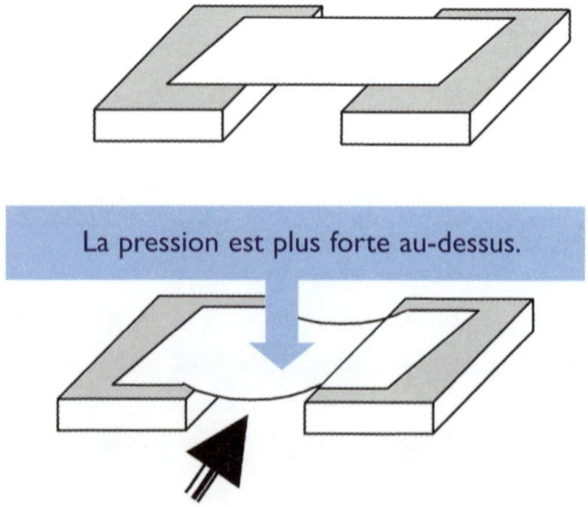

La petite balle qui monte

1

On obtient un bon courant d'air en utilisant un sèche-cheveux. Une fois allumé sur la plus grande vitesse dans la position « air froid », placez-le de manière à obtenir un courant d'air ascendant, puis posez une balle de ping-pong en son centre. Elle flotte dans les airs.

➤ C'est surprenant mais logique, votre souffle génère une circulation d'air dans l'espace situé entre les livres et la feuille. Du fait du déplacement rapide, la **pression** diminue en dessous de la feuille. Comme la pression ne change pas au-dessus, la feuille subit une force qui la repousse vers le bas.

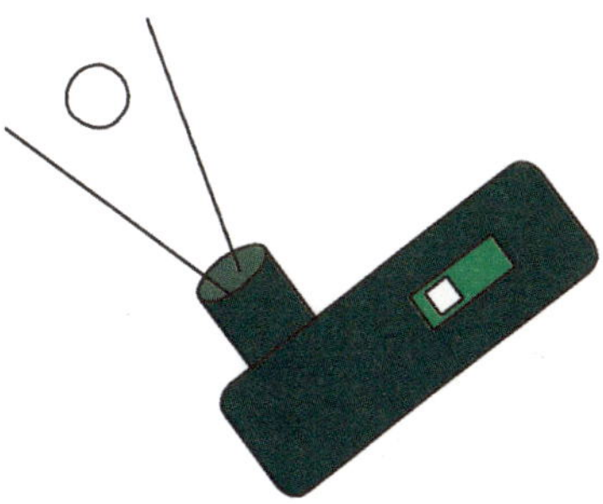

➤ Voilà un nouveau tour du principe de Bernoulli. L'air qui contourne la balle parcourt une distance plus élevée, il se déplace donc plus vite. Autrement dit, au voisinage de la balle, la **pression** est plus basse que dans le reste de l'atmosphère. La balle reste piégée dans cette zone. Déplacez doucement le sèche-cheveux, la balle suit le mouvement à distance. Inclinez doucement le canon, la balle reste en lévitation !

La poussée d'Archimède

Tout corps plongé dans un liquide subit une force dirigée vers le haut ! Il suffit de rentrer dans une piscine pour ressentir cette force qui nous retient à la surface alors que notre poids nous tire vers le bas. Il n'y a donc pas de quoi courir tout nu dans la rue en criant Eurêka… À moins de réaliser, comme le fit Archimède, que l'intensité de cette force ne dépend que de la forme de l'objet et nullement de la matière qui le constitue…

➤ Deux objets de forme identique, l'un en bois et l'autre en plomb, sont soumis à la même poussée vers le haut. C'est étonnant, car le poids d'un objet varie suivant la nature de la matière qui le constitue. Un objet en plomb contient une **masse** plus importante que le même objet en bois. Il est plus **dense** !

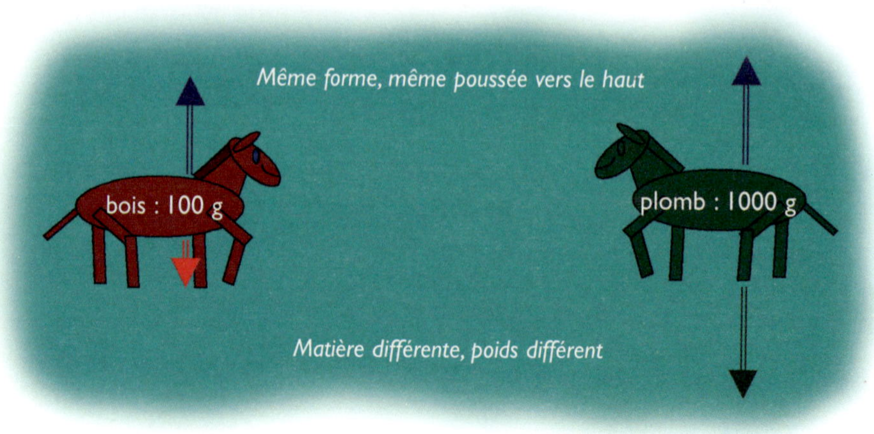

➤ Comment savoir alors qui, du poids ou de la poussée d'Archimède, l'emporte ?
Pour répondre à cette question, le savant grec a montré que l'intensité de la poussée vers le haut varie lorsque l'on change la nature du liquide dans lequel le corps est immergé. Dans l'huile, par exemple, la poussée est moins importante que dans l'eau !

En fait, l'origine de la poussée d'Archimède est simple. Un objet plus lourd est attiré plus fortement vers le bas. Entre le liquide et l'objet, c'est celui des deux qui est le plus attiré vers le bas qui descend. Le fait d'introduire un objet dans l'eau déplace donc une quantité de liquide égale au volume de l'objet. En effet, si le corps n'existait pas, l'espace qu'il occupe serait remplacé par autant de liquide. Ainsi, lorsque le liquide est plus dense que l'objet, c'est lui qui descend et l'objet est repoussé vers le haut.

➤ Et voilà pourquoi la poussée d'Archimède est exactement égale au poids du liquide que l'on a déplacé. Ainsi lorsque l'on immerge dans l'eau un objet en plastique moins dense que le liquide, il remonte à la surface. Son poids est inférieur à la poussée d'Archimède qui, elle, est égale au poids de l'eau déplacée.
Au contraire, un objet en plomb, qui est plus dense que l'eau, coule.

Prisonnier entre deux eaux

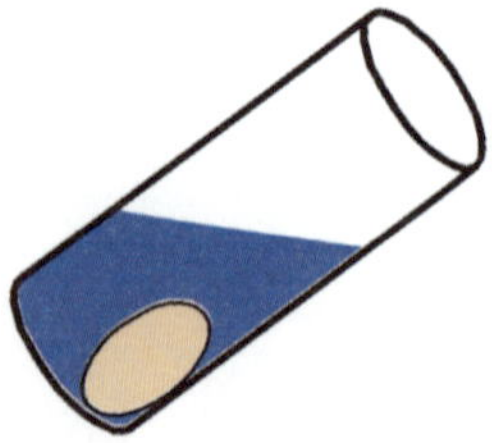

❶

Remplissez d'eau un verre d'environ 15 cm de hauteur. En inclinant le verre, glissez un œuf cru dans l'eau : il coule.

Videz le verre puis versez dedans cinq grandes cuillerées de sel. Ajoutez ensuite de l'eau jusqu'à mi-hauteur. Mélangez bien afin de dissoudre totalement le sel. Introduisez de nouveau l'œuf cru : cette fois-ci, il flotte. Attendez une dizaine de minutes, l'eau salée redevient claire.

❷

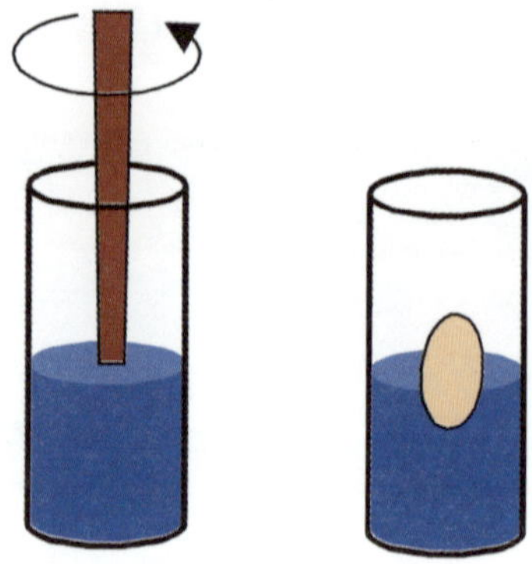

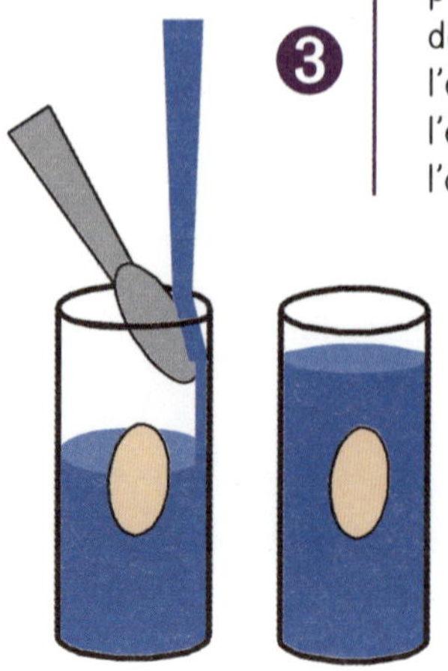

❸

Utilisez ensuite le dos d'une cuillère pour remplir le verre avec de l'eau douce. Si vous procédez délicatement, l'eau douce ne se mélangera pas à l'eau salée. Elle restera au-dessus de l'œuf qui nage alors entre deux eaux.

➤ Pour déplacer l'équilibre entre la poussée d'Archimède et le poids, on peut changer la nature des objets que l'on immerge, mais aussi celle du liquide. Un œuf cru, par exemple, coule dans l'eau douce parce qu'il est plus **dense** que le liquide.
En revanche, il est moins dense que l'eau fortement salée. Ainsi, il flotterait si vous le posiez sur la mer Morte. Isolée des océans, cette mer est connue pour ses propriétés extraordinaires. On peut s'y asseoir comme dans un fauteuil et lire tranquillement son journal. La noyade y est pratiquement impossible, tout simplement parce que son eau est fortement salée.

➤ La **masse** de sel dissoute augmente la **densité** du liquide (un litre d'eau de la mer Morte pèse 1,3 kg, soit 30 % de plus qu'un litre d'eau douce). Votre œuf est piégé.
Il ne peut ni monter dans l'eau douce ni descendre dans l'eau salée. Alors tant que vous ne mélangez pas l'eau douce et l'eau salée, l'œuf reste ainsi coincé entre les deux.

La valse du raisin sec

Prenez un grand verre d'une boisson gazeuse transparente et ajoutez-y quelques grains de raisin sec. Plus denses que l'eau, les grains de raisin sec tombent au fond.

❶

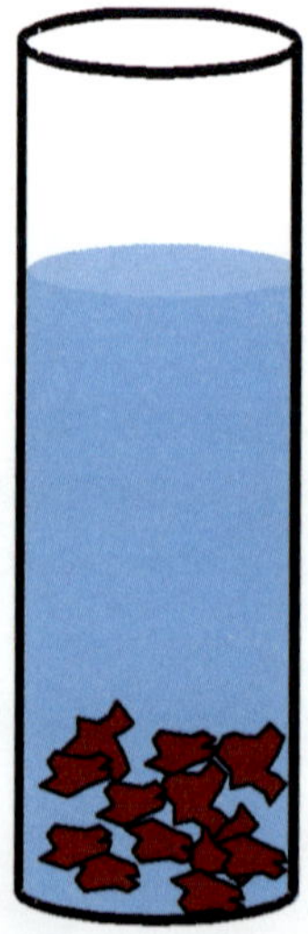

❷

Des bulles de gaz s'accrochent aux aspérités des grains.

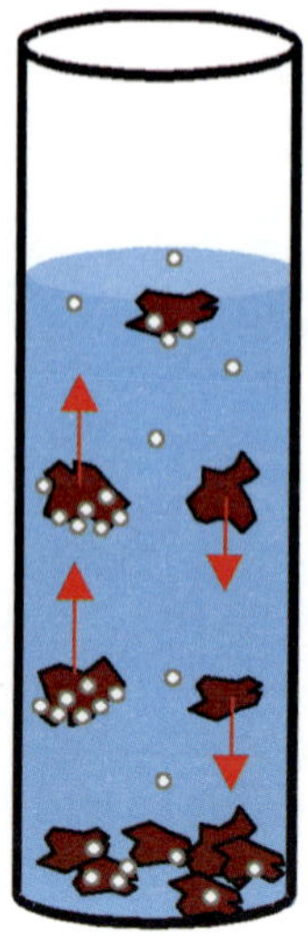

Les grains remontent à la surface du liquide où ils libèrent leur chargement. Ils redescendent, se rechargent en gaz et remontent. Ils poursuivent ainsi un incessant va-et-vient... Cela ressemble à un mouvement perpétuel.

❸

➤ Mais, à y regarder de plus près, il n'en est rien. Le mouvement s'arrête après quelques minutes. Il en est ainsi avec les prétendus mouvements perpétuels qui, au cours des siècles, ont mobilisé l'imagination des inventeurs. Au XIXe, les progrès de la physique ont donné un coup d'arrêt à cette quête.
Non seulement un mécanisme isolé ne peut créer de l'énergie, mais il en perd toujours. Une bille lâchée du bord d'un saladier, descend puis remonte de l'autre côté. Mais, à chaque aller-retour, elle perd un peu de hauteur.

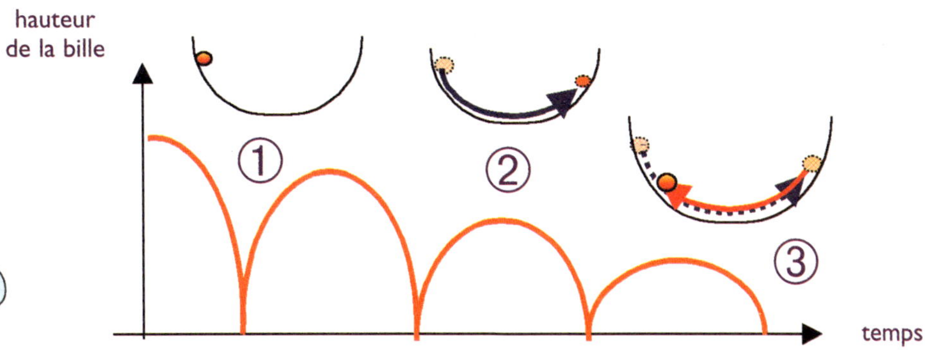

➤ Pour entretenir le mouvement, il faut introduire une source d'énergie. Les grains de raisin sec ne grimpent pas seuls à la surface. Ils sont entraînés par les bulles qui montent en utilisant la poussée d'Archimède. Là est la source d'énergie qui entretient le mouvement de ce moteur à gaz… Le mouvement de va-et-vient s'arrête à l'épuisement du gaz. Cela peut durer plusieurs minutes.

Le whisky du capitaine

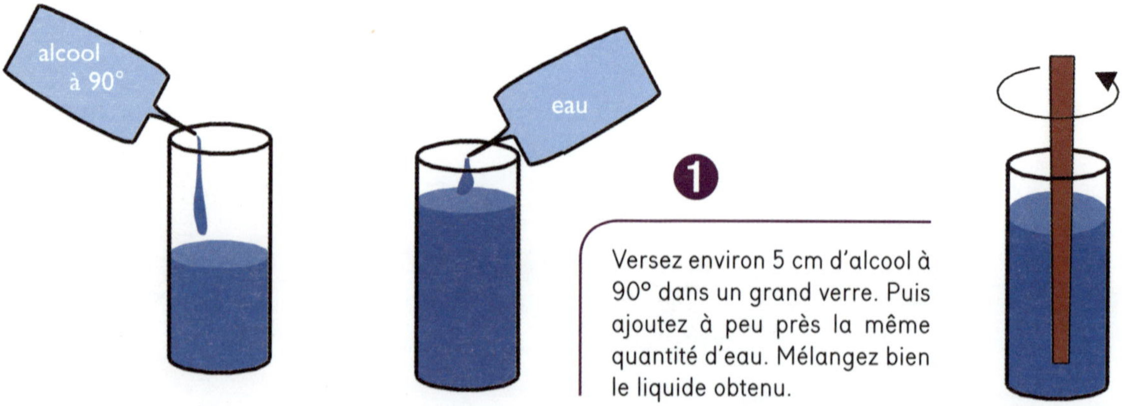

❶

Versez environ 5 cm d'alcool à 90° dans un grand verre. Puis ajoutez à peu près la même quantité d'eau. Mélangez bien le liquide obtenu.

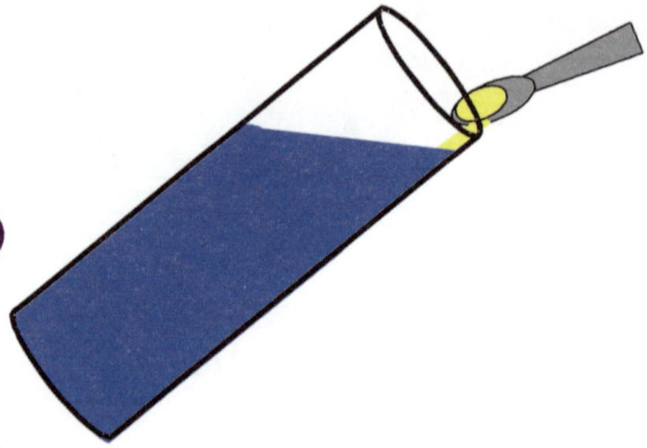

❷

En effleurant la surface avec la cuillère, versez délicatement l'équivalent d'une cuillère à café d'huile dans le mélange eau-alcool.

❸

L'huile forme une bulle qui nage au milieu du verre. Si elle venait à couler, ajoutez délicatement un peu d'eau. Si au contraire elle flotte à la surface, ajoutez de l'alcool.

EURÊKA

➤ Cette expérience permet de reproduire à moindre coût les conditions obtenues dans les fusées spatiales, loin de l'**attraction terrestre**, en situation d'**apesanteur**. Placée dans un liquide, l'huile subit la poussée d'Archimède en plus de l'attraction terrestre. Comme le mélange eau-alcool a la même **densité** que l'huile, la poussée d'Archimède dirigée vers le haut compense exactement son poids. La bulle d'huile reste coincée entre deux eaux.

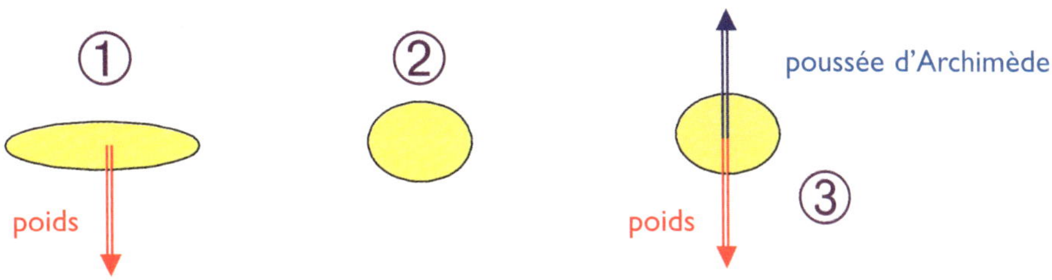

Forme de la goutte d'huile :
① sur Terre ; ② en apesanteur ; ③ dans un mélange eau+alcool

➤ Sur Terre, l'huile est soumise à son poids. Appelée aussi **gravité**, l'attraction terrestre dicte sa loi. Dans le liquide, il faut ajouter la poussée d'Archimède. Si les deux se compensent parfaitement l'huile se retrouve comme en l'absence de gravité, c'est-à-dire en apesanteur. Il reste alors la **tension superficielle**, cette force qui, s'exerçant à la surface des bulles de savon, leur impose une forme sphérique. C'est exactement la forme que prend le whisky du capitaine Haddock dans la fusée lunaire qui avance dans l'espace en l'absence de toute gravité. De la même manière, la goutte d'huile qui nage dans le mélange eau-alcool forme une bulle.

Un bouchon dompté

❶ Remplissez un grand bol avec de l'eau. La surface du liquide doit se trouver à environ un centimètre du bord supérieur du bol.

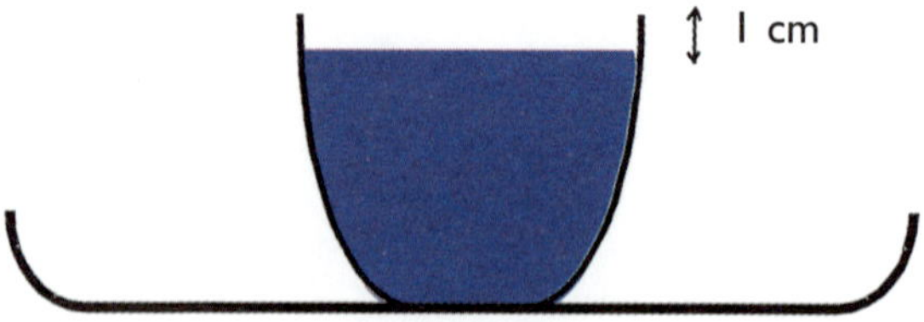

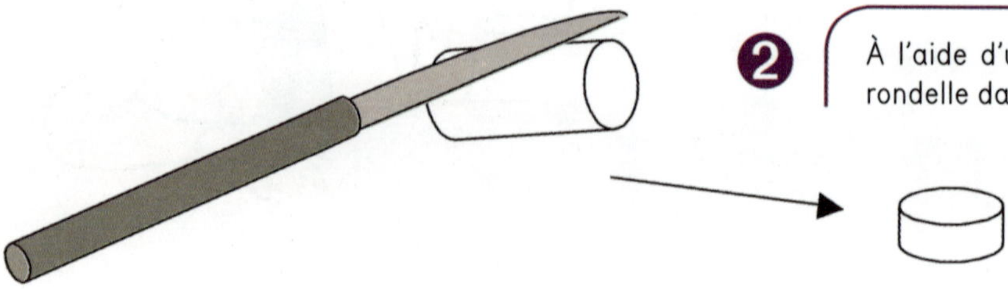

❷ À l'aide d'un couteau, découpez une rondelle dans un bouchon en liège.

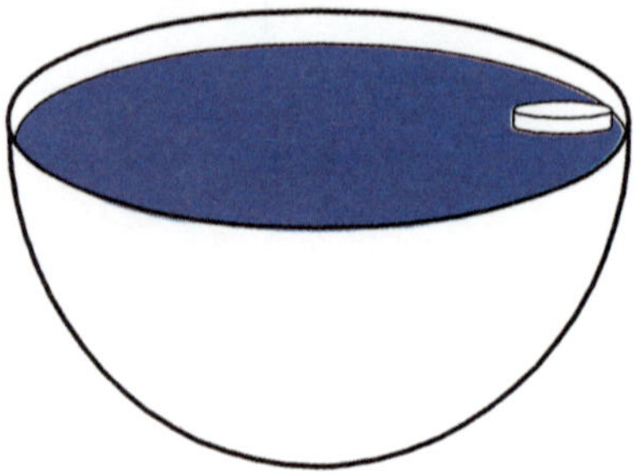

❸ Posez la rondelle de liège sur la surface de l'eau, bien au centre. Inexorablement, la rondelle vient se coller sur une des parois du bol.

❹ Ajoutez de l'eau doucement dans le bol, jusqu'à le remplir totalement, et un peu plus encore. La rondelle de liège se détache alors du bord pour venir se placer au centre où elle reste piégée.

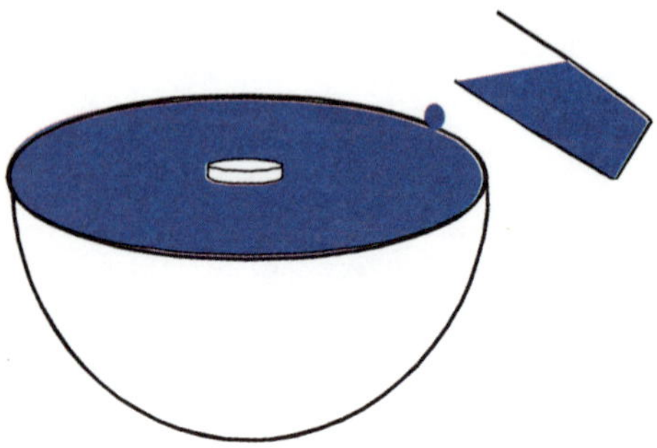

➤ Lâchez une bille, elle tombe, puis roule ensuite si le sol n'est pas horizontal. Elle s'arrête quand, bloquée par un mur ou un objet, elle ne peut descendre plus bas. Dans l'eau, un objet, s'il est moins **dense** que le liquide, est soumis à une force résultante qui l'attire vers le haut. C'est la **chute ascensionnelle**. Il monte vers la surface du liquide, jusqu'au point le plus haut.

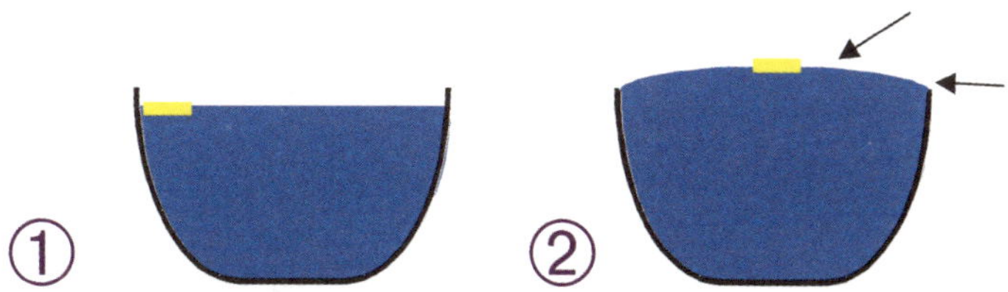

➤ Lorsque le bol n'est pas plein, la surface du liquide est presque plane. À un moment ou à un autre, la rondelle de liège atteint la paroi. Elle y reste collée comme le serait un morceau de papier humide sur une vitre. En revanche, la surface du bol « archi-plein » est en pente. Sur les bords, la **tension superficielle** retient l'eau. Le niveau se trouve au-dessus du haut du bol. La surface se courbe, le niveau de l'eau est plus important au centre que sur les bords. Le disque monte alors vers le point le plus haut accessible, c'est-à-dire au centre du bol.

Une douche écossaise

L'air chaud monte !

Ce comportement qui permet aux montgolfières de s'envoler est général, il s'applique à tous les gaz. Il en va ainsi des nuages formés par la vapeur d'eau qui monte des océans. Pour bien en comprendre l'origine, il faudrait pouvoir pénétrer au cœur de la matière et, pour cela, devenir minuscule. Si nous étions un milliard de fois plus petits, nous serions hauts comme 1 à 2 **nanomètres**. Plongés dans l'air, nous verrions fuser devant nous des petites particules. Ces composants chimiques ultimes de l'air, essentiellement des **molécules** d'oxygène et d'azote, se déplacent à une vitesse de plusieurs centaines de mètres par seconde.

➤ Lorsque l'on chauffe un corps, on lui donne de l'énergie sous forme de chaleur. Dans un gaz, cela se traduit par une augmentation de la vitesse des particules élémentaires.

Les chocs entre les molécules sont alors plus violents. Si le récipient est ouvert, la violence des chocs éloigne les molécules les unes des autres et chacune occupe un peu plus de place. Le gaz est en **expansion**.

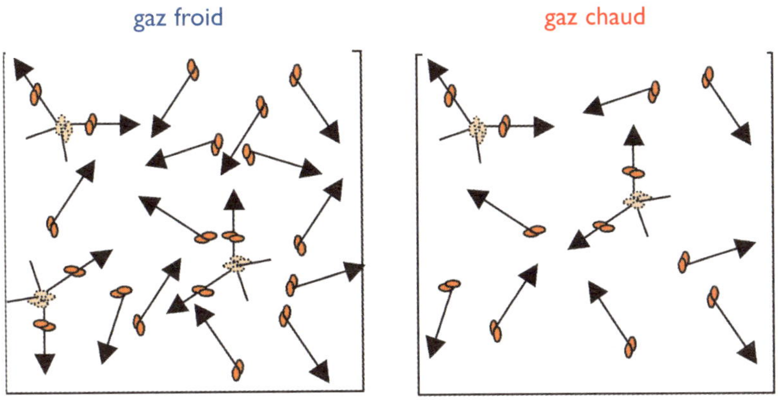

À pression constante, le nombre de molécules situées à l'intérieur d'un volume donné diminue quand la température monte.

➤ Cela signifie que le nombre de molécules situées à l'intérieur d'un volume donné diminue avec la température. Ainsi, dans un gaz chaud, la **masse** contenue dans un volume donné est plus petite que dans le même gaz refroidi. Autrement dit, en chauffant un gaz, on diminue sa densité. Puisqu'il est moins **dense**, l'air chaud monte dans l'air froid.

On se trouve alors dans la même situation qu'un morceau de bois qui monte à la surface parce qu'il est moins dense que l'eau.

L'œuf piégé

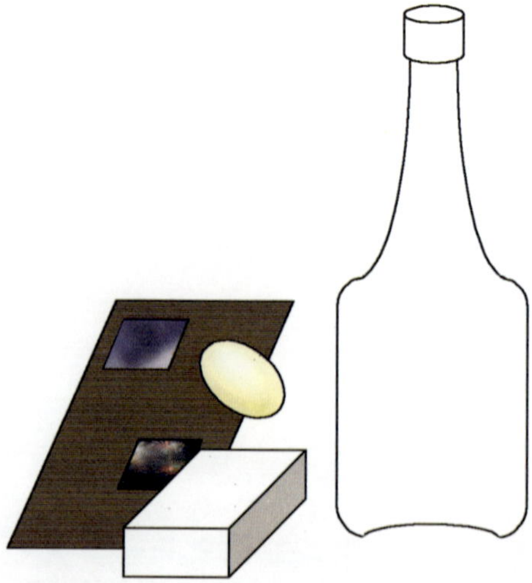

Comment faire entrer un œuf dur dans une carafe dont le goulot est plus étroit que l'œuf ? Il vous faut un œuf dur épluché, une carafe, des allumettes et un morceau de papier journal.

1

2

Enflammez avec précaution le papier journal, puis glissez-le dans la carafe. Posez l'œuf sur le goulot.

La flamme s'éteint, puis l'œuf se déforme. Il s'allonge et entre bruyamment dans la bouteille.

3

➤ Dans un récipient rigide et fermé, l'**expansion** est impossible. Le nombre de particules contenues dans le récipient reste constant. Autrement dit, la **densité** ne change pas. Pourtant lorsque l'on chauffe un gaz, les **molécules** accélèrent leurs déplacements. Chaque rebond sur les parois est un peu plus violent. Il exerce une poussée légèrement supérieure. Et de cette manière, comme le nombre de chocs reste identique, c'est la **pression** qui augmente avec la température.

Au début de l'expérience, l'air chauffé par la flamme communique avec le monde extérieur. La pression est la même à l'intérieur et à l'extérieur de la carafe. Lorsque vous posez l'œuf sur le goulot, il ferme hermétiquement et sépare les deux mondes.

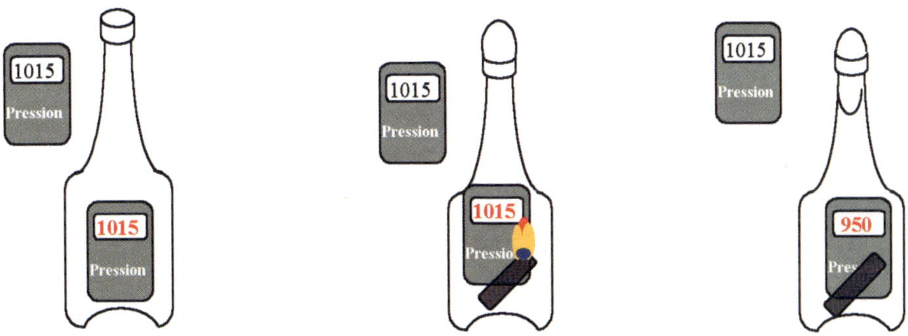

Dans un récipient fermé, la pression diminue quand la température baisse !

➤ L'air ne peut ni entrer dans la carafe ni en sortir. La **combustion** transforme une grande partie de l'oxygène en dioxyde de carbone. Une fois que tout l'oxygène a été consommés, le feu s'éteint. L'air, surchauffé par les flammes, se refroidit doucement. La pression dans la bouteille diminue. Cela produit un effet d'aspiration sur l'œuf. Il entre alors dans la bouteille.

L'assiette asséchée

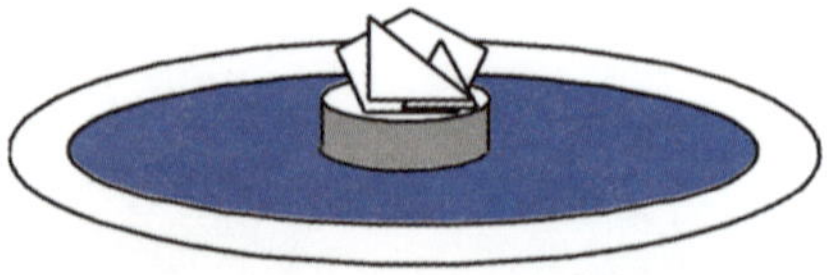

Récupérez l'enveloppe métallique d'une bougie chauffe-plats. Placez-la dans une assiette emplie d'eau. Posez dedans une boule de papier journal.

❶

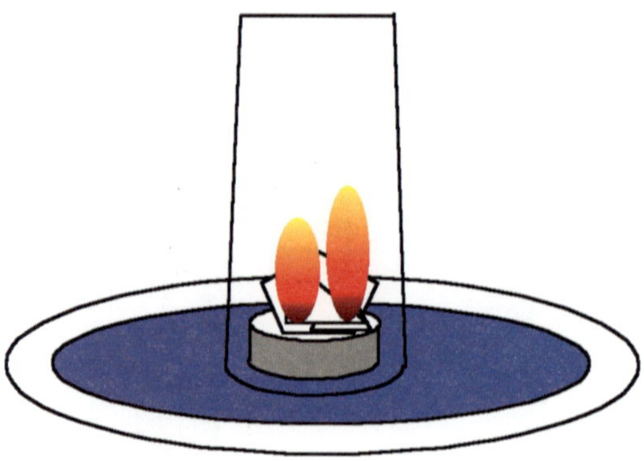

❷

Faites brûler le journal. Après quelques secondes de combustion, placez dessus un verre qui résiste à la chaleur.

Au bout d'une dizaine de secondes, la flamme s'éteint. Puis l'assiette s'assèche, tandis que l'eau monte dans le verre.

❸

➤ Pour cette expérience, comme pour l'œuf qui entre dans la carafe, on pourrait penser que c'est la **combustion** de l'oxygène qui libère de l'espace et provoque une aspiration.
En effet, quand le papier brûle, ses constituants consomment l'oxygène de l'air. Cette explication est séduisante, mais la plus grande partie de l'oxygène se transforme en gaz carbonique qui occupe pratiquement le même volume.
Observez avec attention le déroulement de l'expérience. Vous noterez que le niveau de l'eau ne monte pas pendant la combustion, quand l'oxygène se consume, mais bien après, lorsque la flamme est éteinte. De plus, avec une bonne flamme, vous pouvez obtenir un verre à moitié rempli d'eau. Comme l'air ne contient que 20 % d'oxygène, sa combustion ne peut expliquer une perte de 50 % du volume.

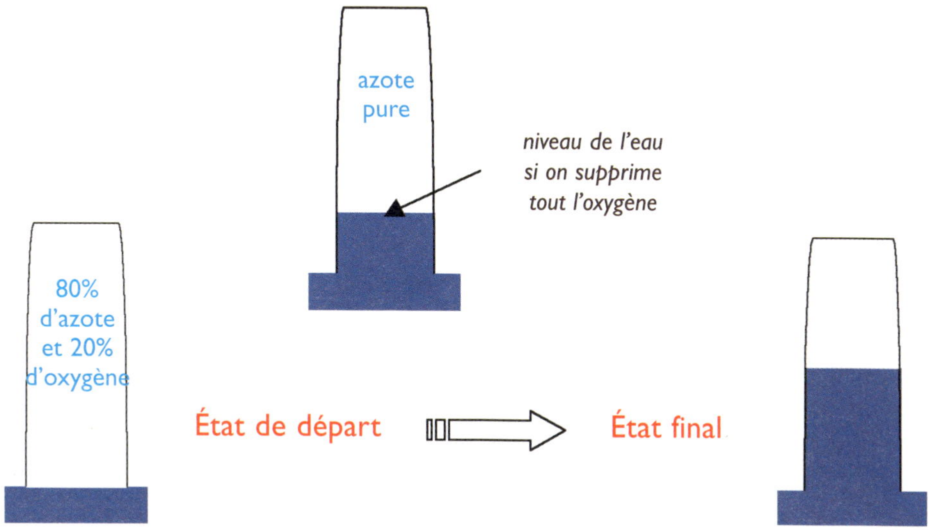

➤ S'il est effectivement vrai que la flamme consomme de l'oxygène, ce n'est pas la principale cause de l'aspiration. L'effet est **thermique**. Lorsque, par manque d'oxygène, la flamme s'éteint, la température du gaz baisse doucement. Une fois refroidi, l'air se contracte. Cela libère de l'espace dans lequel l'eau s'engouffre.

Un trombone en expansion

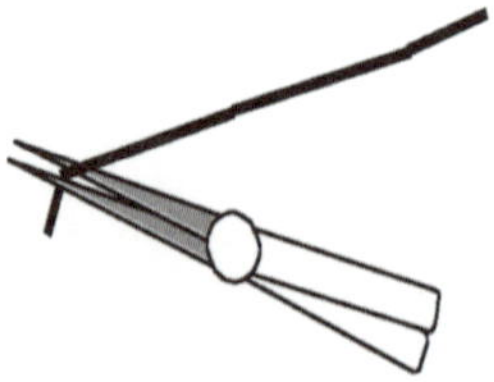

❶

Dépliez un trombone, puis à l'aide d'une pince, repliez-le à 90 degrés à environ 5 mm de son extrémité. Enfoncez l'autre extrémité sur le côté d'une paille, en faisant bien attention à ne pas la traverser totalement.

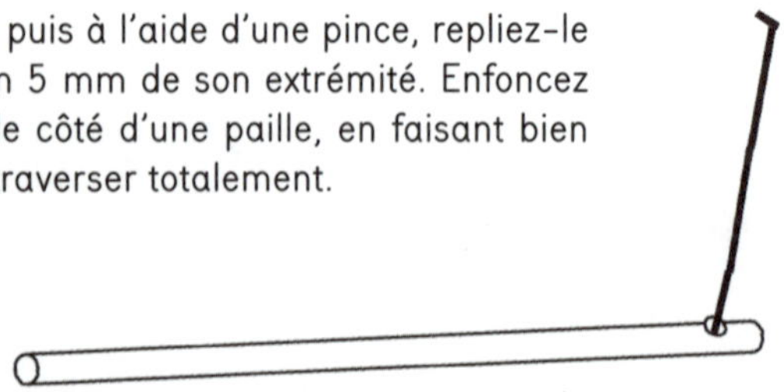

Découpez une échancrure (environ 12 cm de long et 4 cm de large) dans une feuille de carton épais. Percez un trou sur le côté gauche de l'échancrure, pour pouvoir glisser dedans la partie pliée du trombone.

Positionnez le trombone dans le trou, puis la paille à l'autre extrémité du trombone. Avec une épingle, fixez la paille sur le carton à environ 5 mm du trombone.

❷

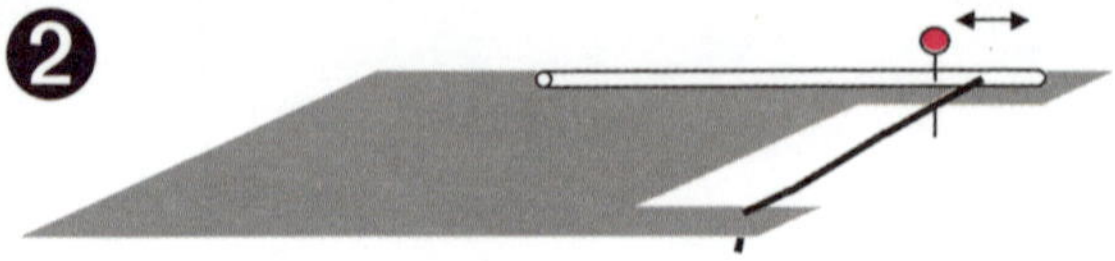

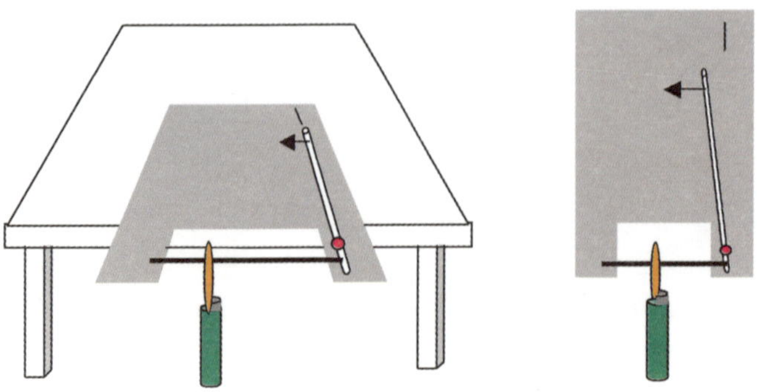

❸

Posez l'ensemble sur le bord d'une table.
Marquez d'un trait de stylo la position de l'extrémité libre de la paille. Puis, chauffez le trombone. La paille se déplace lentement et s'éloigne du trait.

➤ Dans un bus, l'espace occupé par un passager dépend de ses dimensions mais aussi de son agitation. Ses mouvements éloignent ses voisins, et ceci d'autant plus qu'ils sont amples. Dans un morceau de métal, lorsque la température augmente, les particules élémentaires s'écartent les unes des autres par un processus identique. Cela se traduit par un allongement du métal.

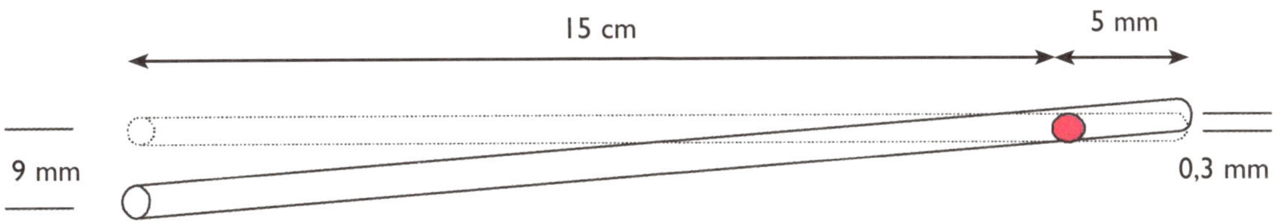

Comme l'extrémité de gauche est située 30 fois plus loin de l'axe que l'extrémité de droite, elle décrit une trajectoire 30 fois plus longue.

➤ Une barre d'acier longue de 1 mètre s'allonge d'un millimètre lorsque sa température s'élève de 100 degrés. Et comme le trombone ne mesure que 10 cm, l'effet est faible. Il faut donc l'amplifier. C'est le rôle de la paille. Une fois l'extrémité du trombone plantée dans le carton, son élongation se traduit par un déplacement de son extrémité libre. Elle appuie sur la paille qui tourne autour de son **axe** : l'épingle. Dans ce mouvement, le petit côté de la paille décrit un cercle de 5 mm de **rayon**. Dans le même temps, l'autre bout de la paille tourne sur un cercle 30 fois plus grand. Il décrit donc une trajectoire 30 fois plus grande.

Le robinet récalcitrant

❶

Il arrive que l'expansion thermique des métaux soit gênante. Certains robinets anciens nous jouent parfois de sacrés tours. Vous entrouvrez le robinet d'eau chaude. L'eau commence à couler doucement. Puis, quand elle devient justement chaude, le filet d'eau diminue jusqu'à l'arrêt total.

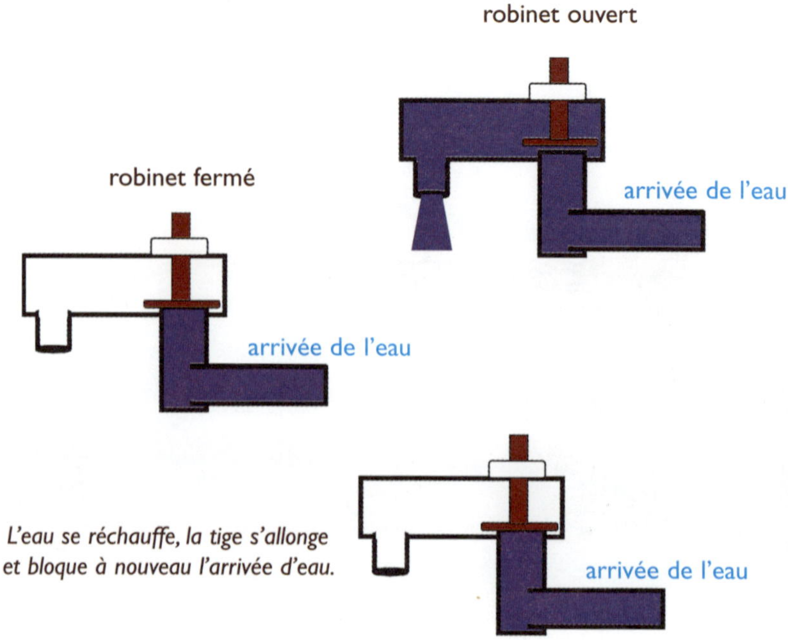

Un pari impossible

❶

Essayez de gonfler un ballon dans une bouteille. Pour cela, introduisez un ballon en caoutchouc dans une bouteille en verre vide (c'est-à-dire pleine d'air). Soufflez dedans tant que vous pouvez. Peine perdue ! Pour le gonfler, il faudrait comprimer l'air emprisonné dans la bouteille, ce qui est impossible, même pour un trompettiste !

➤ L'explication est simple. Au moment où vous ouvrez la vanne, toutes les parties du robinet sont froides (à la température de la pièce). Petit à petit, l'eau qui circule devient chaude. Elle échauffe la tige, laquelle s'allonge doucement. L'effet est ici très faible, à peine une dizaine de microns (0,01 mm). Mais c'est parfois suffisant pour que la valve obture à nouveau l'orifice d'arrivée de l'eau.

➤ Même phénomène, autre conséquence : vous êtes persuadé d'avoir bien fermé un robinet et vous le retrouvez ouvert. Lorsque vous l'avez fermé, la tige était chaude. L'eau ne coulant plus, la tige s'est refroidie et contractée, libérant un filet d'eau.

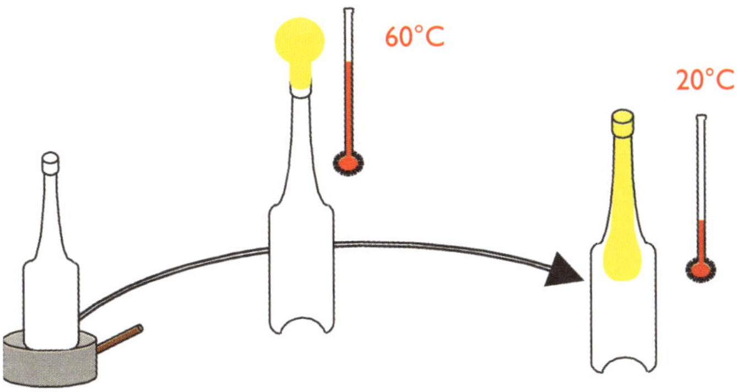

➤ Pour réussir l'opération, il suffit d'une petite astuce. Faites chauffer environ quinze minutes la bouteille seule au bain–marie. Sortez-la de l'eau et mettez alors le ballon sur le goulot en faisant attention de ne pas vous brûler les doigts.

➤ Pendant le refroidissement, l'air contenu dans la bouteille se **comprime**. En effet, l'air froid occupe moins d'espace que l'air chaud. Le ballon va se retourner. Aspiré par la bouteille, il se gonfle tout seul à l'intérieur.

ET LA LUMIÈRE FUT

La lumière se déplace en ligne droite !

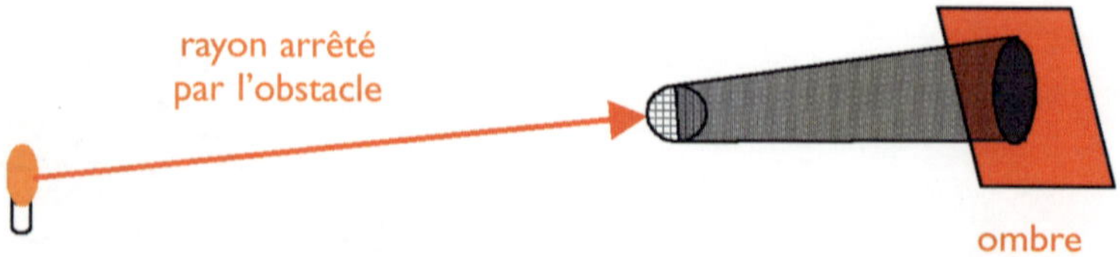

Les objets qui nous entourent sont visibles, c'est-à-dire détectés par notre œil, parce que lorsqu'ils sont éclairés par une source lumineuse, ils nous renvoient une partie de la lumière qu'ils reçoivent.

Entre la source lumineuse et l'objet, les rayons de lumière prennent le chemin le plus court, c'est-à-dire la ligne droite.

➤ Il suffit qu'un obstacle opaque se place entre les deux, pour qu'une ombre se forme et qu'une partie de l'objet ne soit plus éclairée.

C'est exactement ce qui se passe pendant une éclipse de Soleil.

➤ La Lune vient s'intercaler entre le Soleil et la Terre. Son ombre plonge pendant quelques instants notre planète dans l'obscurité. Si la lumière en provenance du Soleil, au lieu de se déplacer en ligne droite, contournait la Lune comme l'eau des rivières contourne les obstacles, il n'y aurait pas d'éclipse. Il y a toutefois des exceptions !
Chaque fois que la lumière traverse la surface séparant deux milieux transparents différents, la direction de propagation des rayons lumineux change.

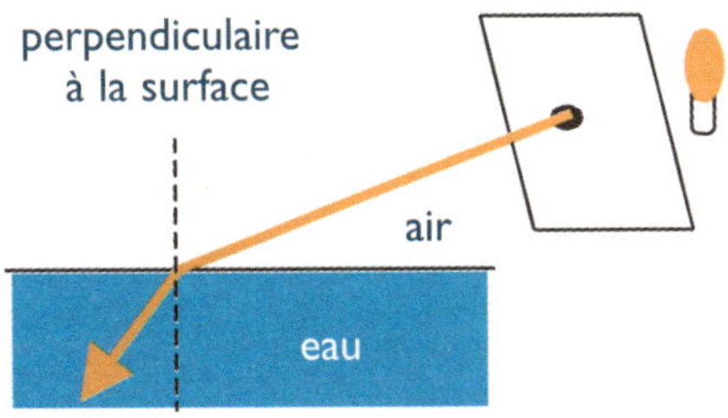

➤ Lorsqu'un rayon lumineux en provenance de l'atmosphère entre dans l'eau, sa trajectoire se rapproche de la ligne **perpendiculaire** à la surface qui sépare les deux.

➤ La déviation de la trajectoire lumineuse, au passage de l'air à l'eau (aussi appelée **réfraction**), est un élément essentiel de la vision. À l'entrée de l'œil, les rayons lumineux rencontrent le cristallin qui est plus **dense** que l'air. Les rayons sont alors fortement déviés. Et grâce à la forme de l'œil, tous les rayons issus d'un même point de la source lumineuse sont projetés sur le même point de la rétine.

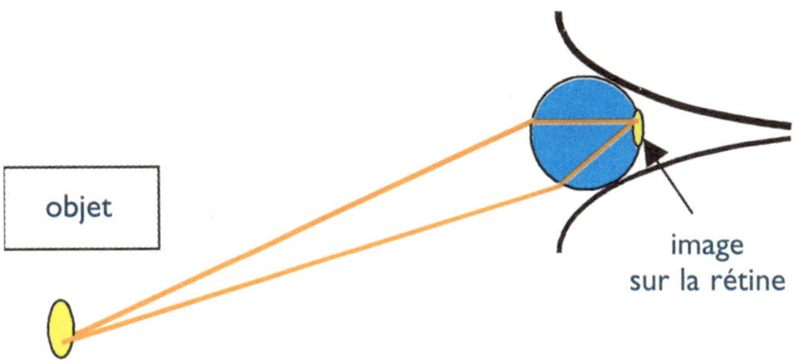

➤ Les images se forment sur la rétine. Les appareils photo utilisent des lentilles qui permettent de projeter les images des objets sur la pellicule ou sur le capteur numérique.

La pièce retrouvée

❶

Placez une pièce au fond d'un bol et éloignez-vous de manière à ne plus la voir.

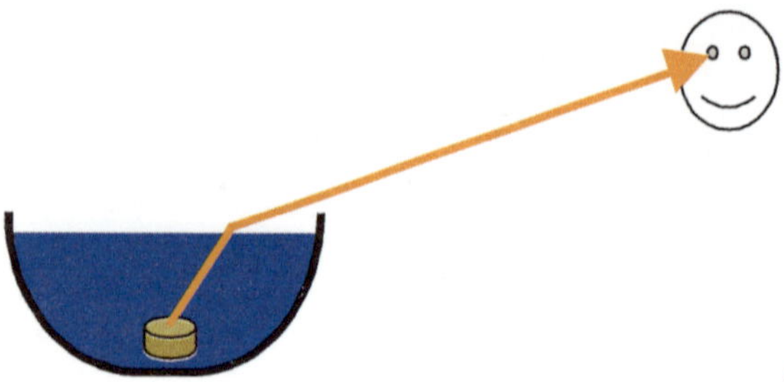

❷

Demandez à un camarade de remplir le bol avec de l'eau. Vous pouvez de nouveau apercevoir la pièce.

➤ Quand elle se propage, la lumière agit sur les constituants de la matière. En augmentant la **densité** de la matière, on ne fait qu'augmenter le phénomène, qui en retour affecte aussi le déplacement de la lumière. Ainsi, la lumière se propage différemment suivant que le milieu est plus ou moins dense. Cela explique le phénomène de la **réfraction**, c'est-à-dire la déviation que subit sa trajectoire quand la lumière passe d'un milieu à un autre de densité différente.

➤ C'est donc parce que l'eau, avec ses 1 000 g par litre, est nettement plus **dense** que l'air (1,3 g par litre), que le phénomène de réfraction se produit quand la lumière entre dans l'eau. Dans l'autre sens, la lumière parcourt le même chemin, c'est-à-dire qu'elle s'écarte de la **perpendiculaire** en sortant de l'eau. Lorsque le bol est vide, aucun des rayons lumineux en provenance de la pièce ne parvient à votre œil. La pièce est invisible. En revanche, dès que le bol est plein, certains rayons qui viennent traverser la surface sont suffisamment déviés pour se diriger vers votre œil.

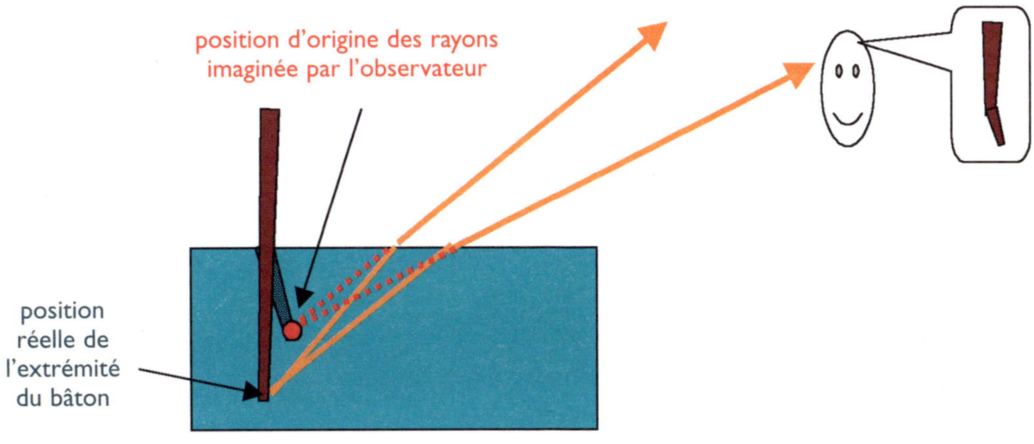

➤ Le même phénomène explique pourquoi un bâton droit, plongé dans une mare, nous semble tordu.

Un mirage sucré !

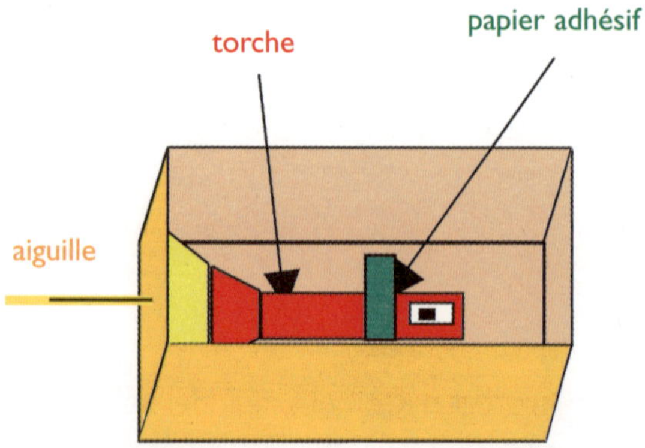

1

Avec du papier adhésif, fixez une torche puissante au fond d'une boîte à chaussure. Percez ensuite dans la boîte un petit trou face à l'ampoule. Refermez votre boîte.

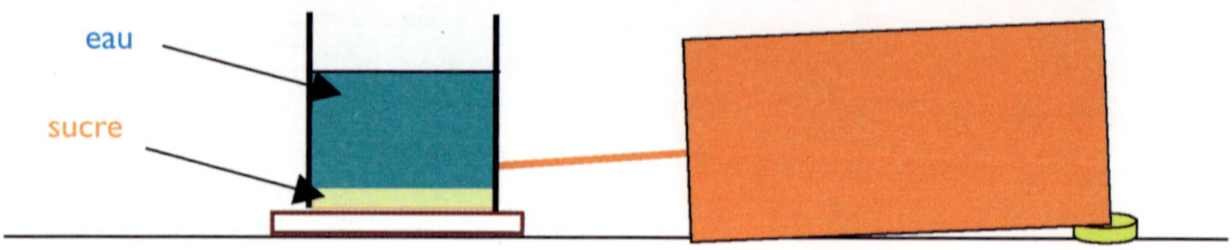

Versez environ 1 cm de sucre au fond d'un récipient transparent, puis ajoutez 5 cm d'eau. Attendez quelques heures pour que le sucre diffuse. Placez votre source lumineuse de manière inclinée, pour faire pénétrer le faisceau lumineux dans le récipient environ 1 cm au-dessus du sucre.

2

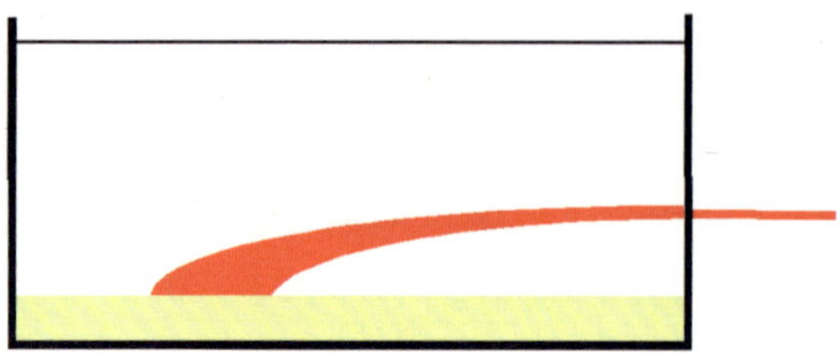

3

Éteignez toutes les lumières. Le faisceau lumineux se courbe dans l'eau pour venir frapper le fond du récipient.

➤ Le sucre déposé au fond du récipient se dissout lentement. Une fois sucrée, l'eau est plus **dense**. On se trouve alors en présence d'un milieu qui n'est pas homogène. La **densité** du liquide diminue continûment lorsque l'on s'éloigne du fond du récipient. La trajectoire des rayons lumineux change constamment de direction, elle forme une courbe.

➤ Le même phénomène se produit quand, dans le désert, après une journée ensoleillée, le sol est surchauffé. L'air chaud situé au voisinage du sol est alors moins dense que l'air froid. Ainsi la densité de l'air augmente continûment au fur et à mesure que l'on s'éloigne du sol.

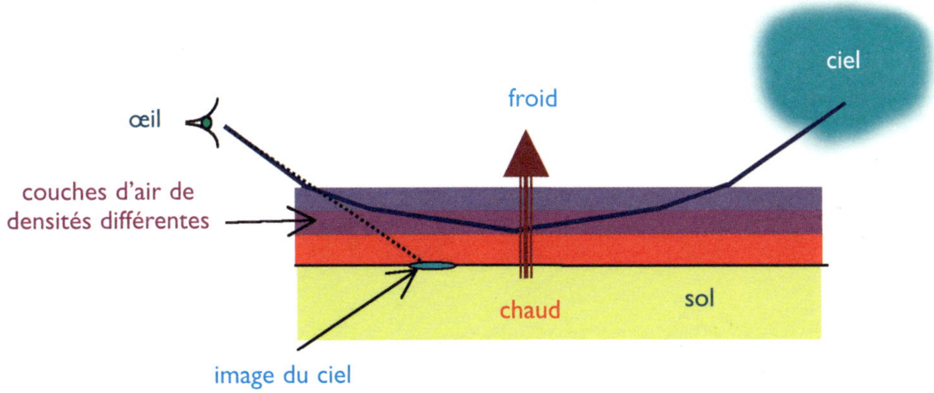

➤ La lumière issue du ciel traverse successivement des couches d'air de densité de plus en plus faible. La trajectoire s'éloigne de la verticale jusqu'à se redresser totalement. Un observateur recevant cette image aura l'impression que la lumière est issue du sol. Il l'attribuera à une flaque d'eau. Cela s'appelle tout simplement un mirage !

Pièges à lumière

1

Avec une aiguille, percez un trou aussi fin que possible dans le fond d'une grande boîte de céréales.

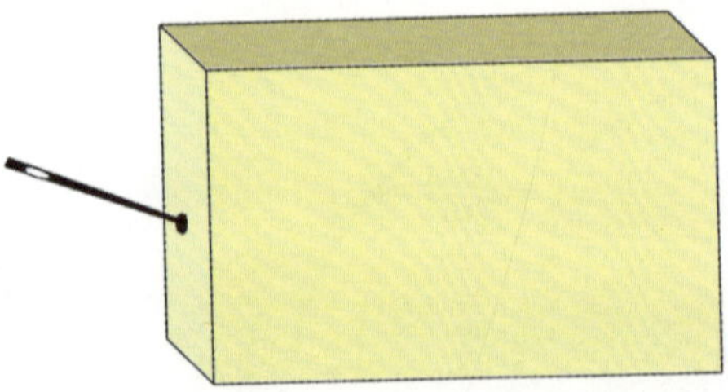

Glissez une lampe de poche allumée dans la boîte. Placez-vous dans le noir, puis éclairez le plafond à l'aide de la lumière qui sort du trou.

2

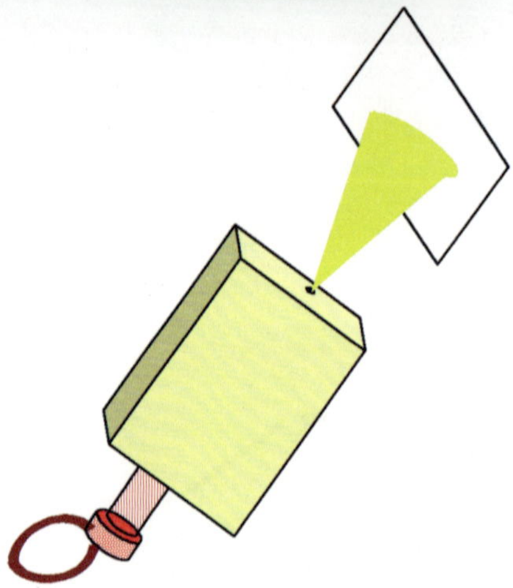

3

Déplacez doucement la lampe dans la boîte, vous verrez apparaître au plafond l'image nette du filament de l'ampoule.

➤ Aujourd'hui, lorsque vous prenez une photo, vous avez entre vos mains un système optique extrêmement sophistiqué. Les premiers appareils photographiques étaient simplement des boîtes en forme de cube dans lesquelles la lumière ne pouvait pénétrer que par un petit orifice situé face à la plaque photo.

Aujourd'hui encore, le même principe est utilisé pour observer le Soleil sans danger. Choisissez une chambre munie d'une seule fenêtre (petite de préférence) orientée vers le Soleil.

➤ À l'aide d'un grand panneau de carton, obturez totalement l'ouverture, puis avec une aiguille, percez un trou dedans. L'image du Soleil apparaît sur le mur opposé. Cela vous permettra de suivre l'évolution d'une éclipse de soleil.

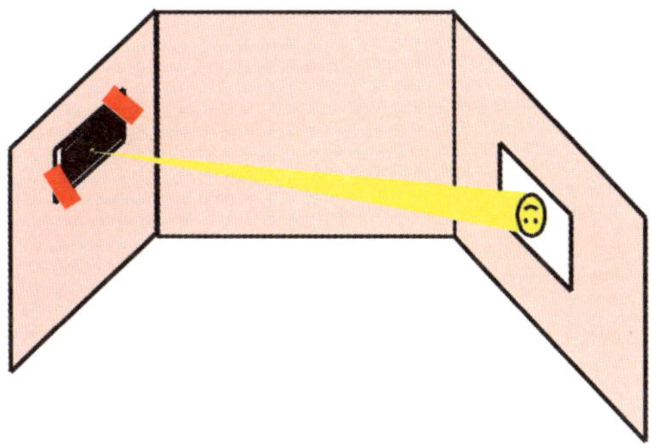

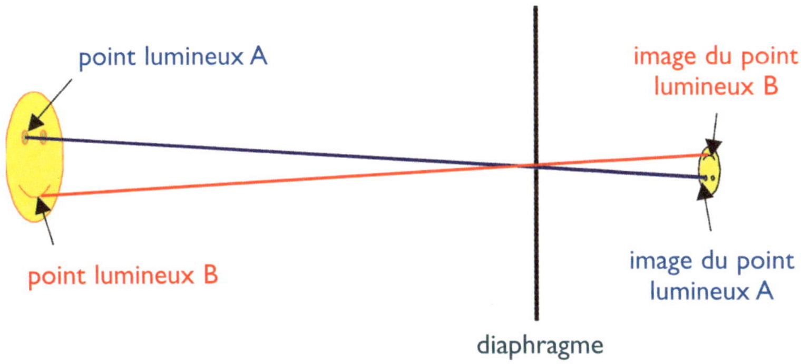

Si le trou est extrêmement petit, deux endroits différents du Soleil éclairent deux points distincts de votre écran.

➤ En revanche, si le trou est plus grand, les images des différentes parties du Soleil se mélangent. Ainsi, c'est la taille du trou (qu'on appelle le diaphragme) qui définit la netteté de l'image. Plus il est petit, plus l'image est nette. Votre boîte de céréales fonctionne sur ce principe, avec une petite différence : l'objet est dans la boîte et l'image à l'extérieur.

Comment voir le son ?

❶

Procurez-vous un tube d'environ 5 cm de diamètre. À l'une de ses extrémités, tendez une toile avec un élastique. Un morceau de ballon de baudruche fera parfaitement l'affaire. Collez sur la toile un petit miroir ou un morceau de papier d'aluminium.

❷

À l'aide de papier adhésif, fixez votre tube et une lampe de poche sur une table, puis une feuille de papier en guise d'écran de manière à projeter dessus la lumière réfléchie sur le miroir. Éteignez la lumière.

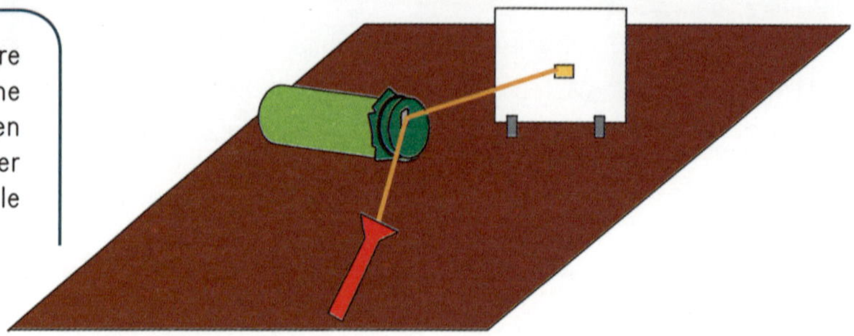

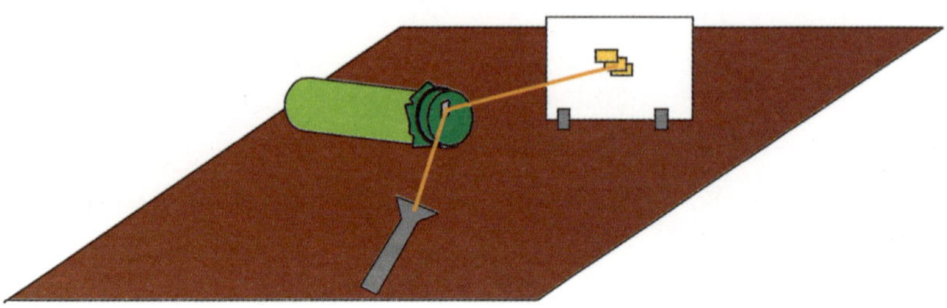

❸

Après avoir placé votre bouche à l'extrémité libre du tube, émettez un son à l'intérieur tout en regardant l'écran. Criez s'il le faut. Vous verrez vibrer rapidement la tâche lumineuse.

➤ Lorsque vous jetez un caillou dans la mare, vous voyez apparaître des ronds concentriques qui se propagent à la surface de l'eau. À un endroit donné de la surface, le niveau de l'eau monte et descend au gré des vagues.

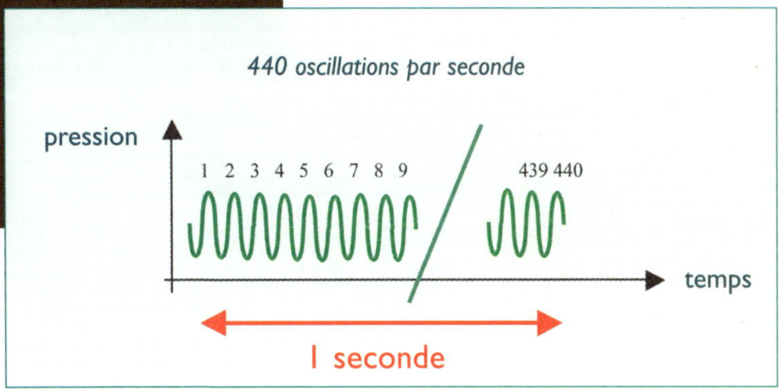

Une onde sonore, c'est un peu la même chose : c'est une oscillation de la **pression** de l'air. Elle augmente et diminue avec une **fréquence** de vibration caractéristique de la hauteur du son (plus le son est haut, plus il est aigu). Le fameux « la 440 »* correspond à une onde sonore qui vibre avec 440 oscillations par seconde.

➤ En moyenne, notre oreille est sensible à des sons dont la fréquence est comprise entre 40 et 40 000 oscillations par secondes. Les basses fréquences correspondent aux sons les plus graves. Les ondes sonores se déplacent dans l'air à la vitesse de 340 mètres par seconde.

Le son que vous émettez dans le tube se propage rapidement jusqu'à l'autre extrémité. La toile est alors soumise sur sa face intérieure à une variation oscillante de la pression : elle vibre. Ce mouvement est transmis au miroir lequel en se déplaçant fait bouger la tache lumineuse sur l'écran.

* *La note* La *dont la tonalité est de 440 hertz, utilisée comme hauteur de référence dans la musique.*

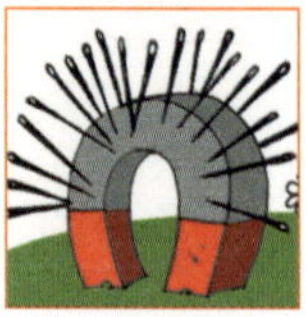

LE DÉMON MAGNÉTIQUE

Être ou ne pas être magnétique ?

Dans le langage courant, on dit qu'un objet est magnétique s'il se comporte comme un aimant. Cela signifie alors que cet objet exerce une force d'attraction sur un morceau de fer. On pourra, par exemple, le coller sur la porte du réfrigérateur. Une aiguille à coudre neuve n'est pas, en général, magnétique (1).

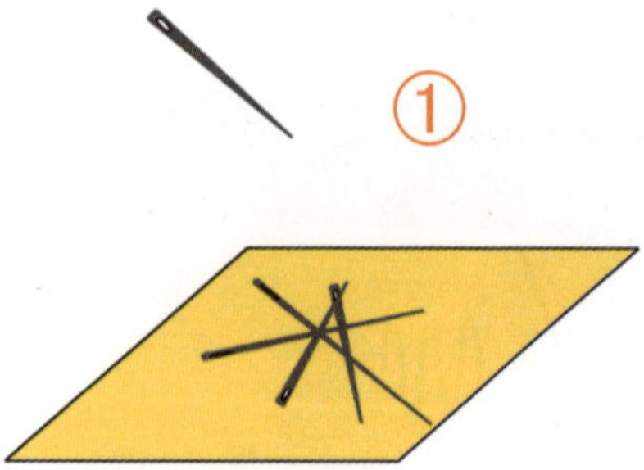

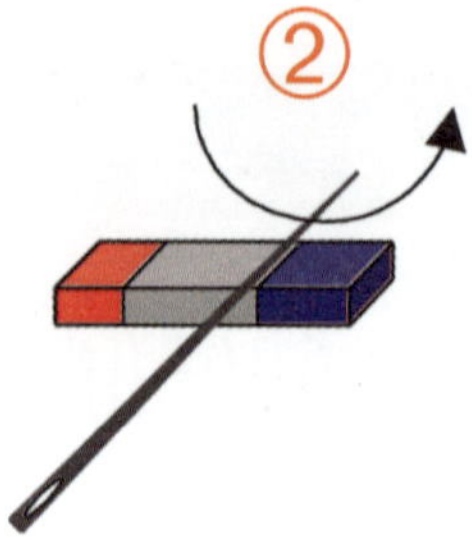

➤ Il suffit pourtant qu'elle soit en contact avec un aimant (2) pour qu'à son tour elle devienne magnétique (3). Elle est alors difficile à séparer de ses congénères. Et pourtant, la matière dont elle est constituée n'a pas changé.

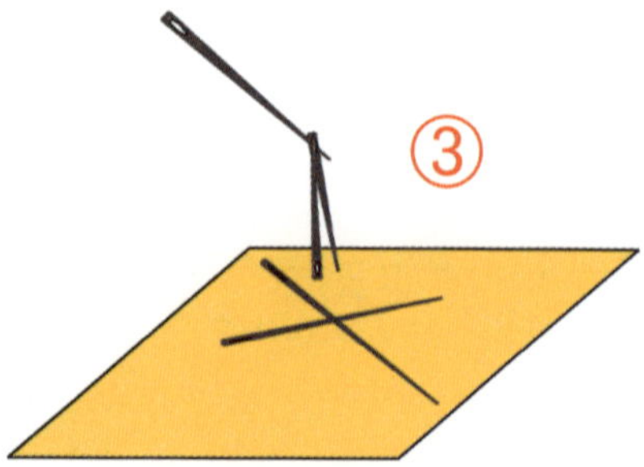

C'est au cœur de la matière que se trouve la clé de ce paradoxe. Pour bien le comprendre, il faudrait pouvoir rapetisser, devenir microscopique, c'est-à-dire haut comme 3 microns.

Munis d'une micro-boussole, nous pourrions ainsi observer les propriétés magnétiques de l'épingle. Nous découvririons alors un monde fascinant constitué d'une multitude d'aimants microscopiques collés les uns aux autres.

Domaines magnétiques d'une aiguille neuve

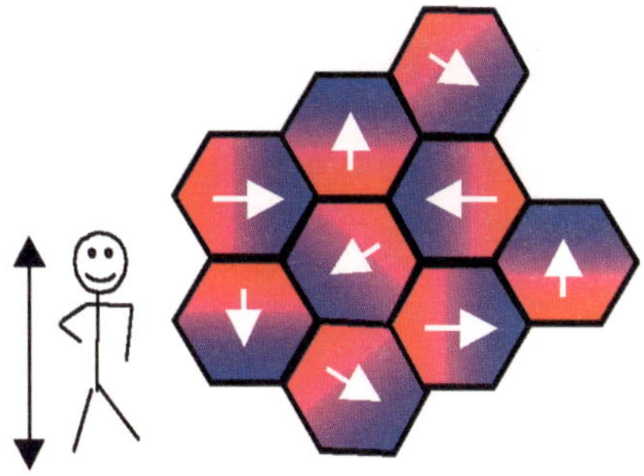

3 micromètres

➤ Lorsque l'aiguille est neuve, c'est-à-dire non magnétique, ces minuscules aimants sont orientés dans toutes les directions. Résultat : ils tirent en tous sens et leurs effets s'annulent. Aucune force magnétique n'est alors exercée par l'épingle sur sa voisine.

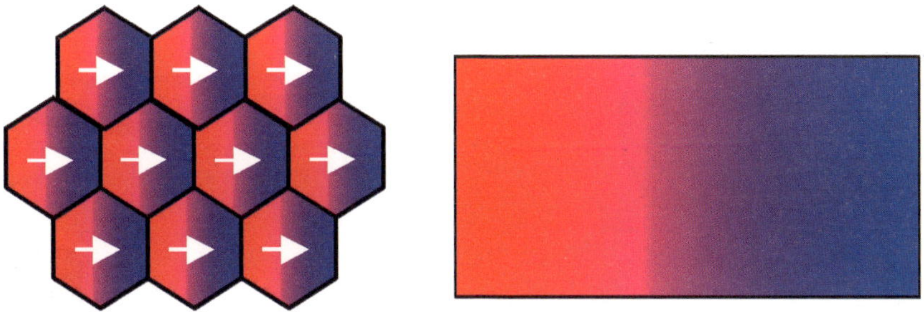

➤ Mais lorsqu'un aimant puissant s'approche, tous les petits aimants s'ordonnent. Ils se placent dans la direction du champ magnétique créé par l'aimant. Et maintenant ils agissent en cœur, leurs effets s'ajoutent et l'aiguille devient à son tour aimantée. Vous pouvez retirer l'aimant, les forces sont alors suffisantes pour maintenir l'ordre magnétique dans l'épingle.

La disparition du magnétisme

1

Procurez-vous un morceau de fil de fer et frottez-le avec un aimant. Recommencez plusieurs fois avec la même extrémité de l'aimant et dans le même sens. Procédez de la même manière avec une épingle.

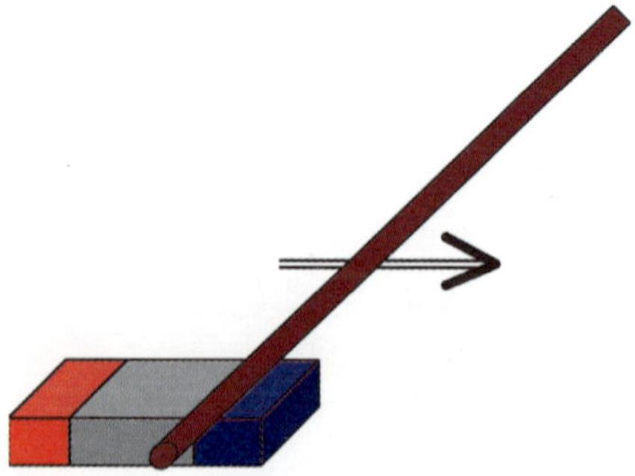

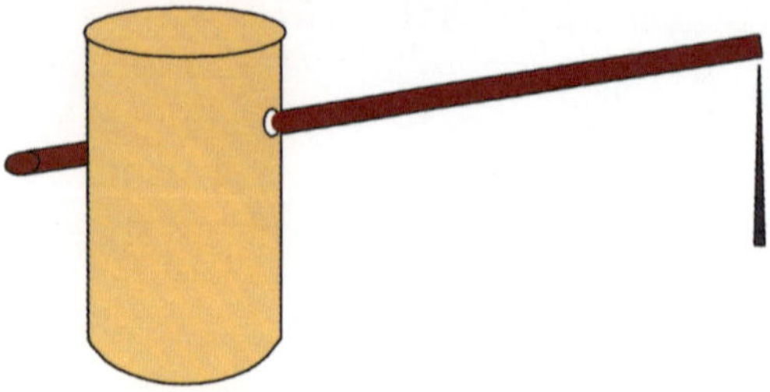

2

Plantez le morceau de fil de fer dans un bouchon en liège. Placez alors l'épingle au bout du morceau de fil. Si elle est suffisamment aimantée, elle reste collée.

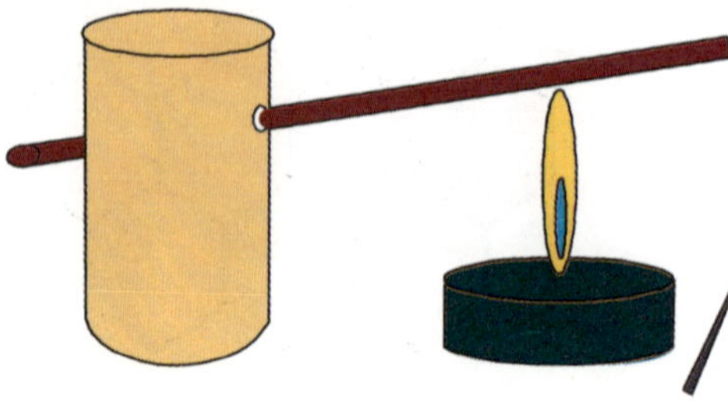

3

Placez une bougie de manière à ce que la flamme chauffe le fil de fer. Au bout de quelques minutes, l'épingle tombe.

➤ Une fois l'épingle aimantée, les minuscules aimants aiment à rester ordonnés. En effet, un pôle nord (en bleu) d'un micro-aimant attire le pôle sud (en rouge) de son voisin. L'ensemble de ces forces les maintient dans un état ordonné.

force d'attraction

➤ Il est alors difficile de revenir à l'état initial, quand l'aiguille n'était pas magnétique. Un autre champ magnétique ne ferait que faire tourner l'ensemble des petits aimants vers lui. Il faut plutôt agir sur chaque petit grain magnétique. Et pour cela, il suffit de chauffer.

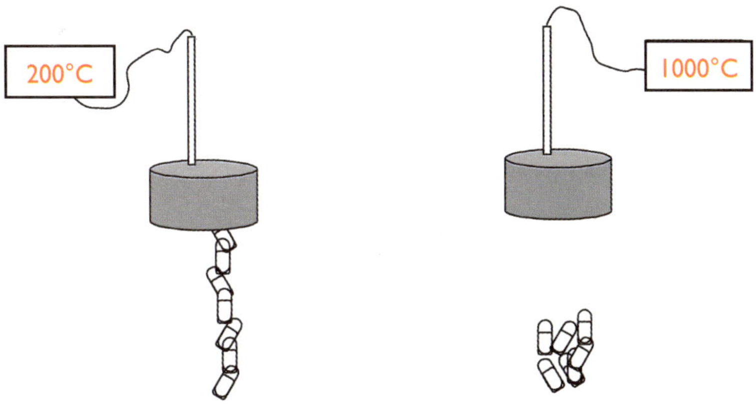

➤ En effet, pour chaque matériau, il existe une température (quelques centaines de degrés pour votre épingle) au-dessus de laquelle le magnétisme disparaît, même à l'échelle microscopique. Chaque petit grain perd alors ses propriétés magnétiques. Quand la température baisse à nouveau, le magnétisme renaît au cœur de la matière. Mais comme plus rien n'oblige les micro-grains à s'aligner entre eux, ils sont de nouveau orientés dans toutes les directions. Le morceau de fil de fer est non magnétique jusqu'à ce qu'il rencontre à nouveau un aimant.

La boussole affolée

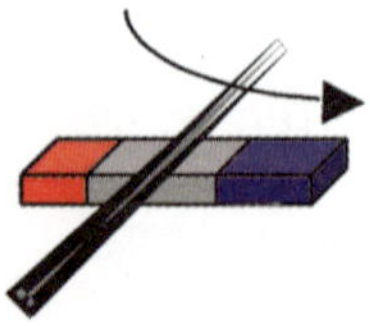

1

Glissez un aimant le long d'une aiguille. Recommencez plusieurs fois avec la même extrémité de l'aimant et dans le même sens. Vous avez alors une aiguille aimantée.

2

Frottez l'aiguille longuement entre vos doigts. Elle se couvrira d'une fine pellicule de graisse. Pour obtenir une boussole, déposez l'aiguille à la surface de l'eau contenue dans un bol pratiquement plein. Elle flotte.

3

Posez maintenant un couteau sur le bol, juste au-dessus de l'aiguille. Puis, avec deux cuillères et une pile, fermez le circuit électrique. L'aiguille tourne. Enlevez une cuillère, l'aiguille reprend sa position initiale.

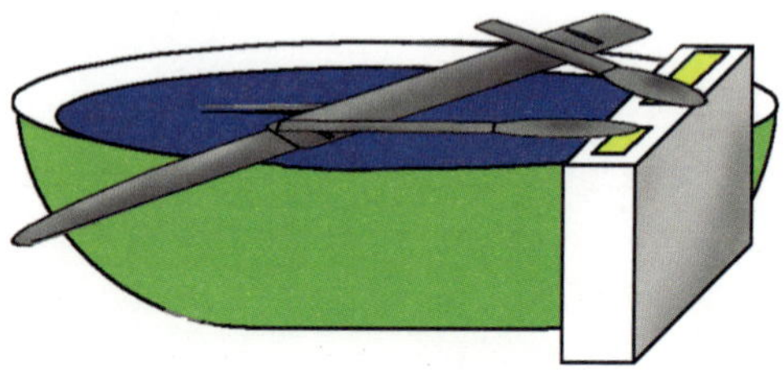

➤ Le physicien danois Œrsted a mis en évidence la présence d'un champ magnétique au voisinage d'un fil parcouru par un courant électrique. Le courant qui circule dans le couteau crée donc un champ magnétique. La direction de ce champ est **perpendiculaire** au courant, c'est-à-dire au couteau. Comme l'aiguille s'aligne avec ce champ, elle tourne de 90 degrés et se place perpendiculairement au couteau.

➤ Vous pouvez utiliser ce principe pour détecter les courants électriques générés par des piles. Procurez-vous une petite boussole et environ deux mètres de fil électrique très fin (entre 0,2 et 0,5 mm de diamètre) et isolé. Dénudez les deux extrémités du fil, puis enroulez-le autour de la boussole. Faites environ une quarantaine de tours.

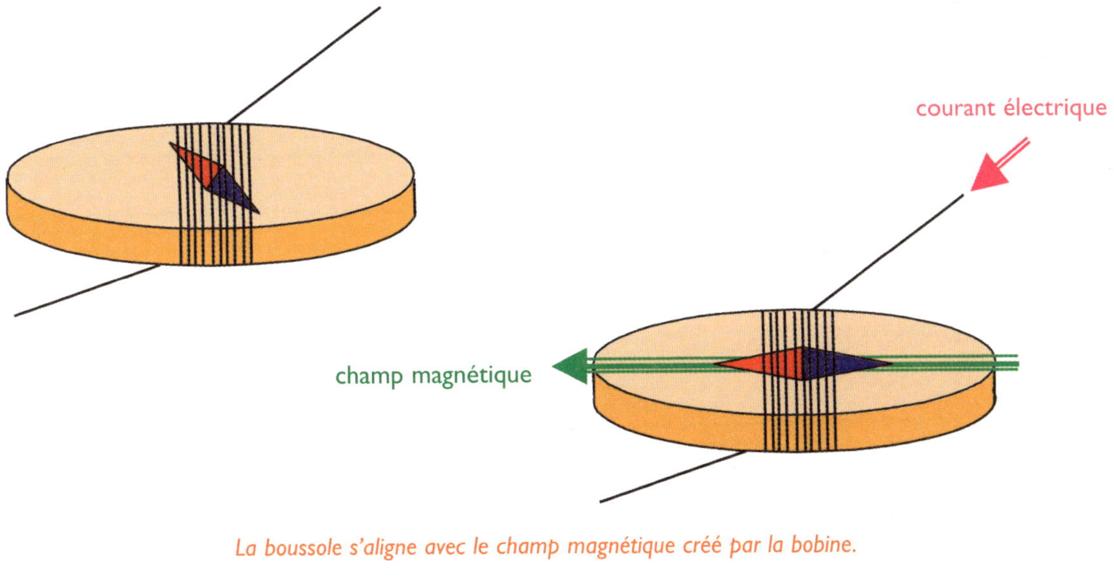

La boussole s'aligne avec le champ magnétique créé par la bobine.

➤ Placez la boussole pour qu'en l'absence de courant, l'aiguille soit alignée avec le bobinage. Lorsqu'un courant suffisant intense parcourt le fil, l'aiguille tourne de 90° pour se placer le long du champ magnétique. La direction de la boussole donne donc une indication sur l'intensité du courant qui circule. Attention, il ne faut pas utiliser ce testeur sur les prises de courant de la maison !

Une pile de pièces

1

Procurez-vous dix pièces de 20 centimes. Découpez dix rondelles dans une feuille d'aluminium et autant dans des mouchoirs en papier, en vous servant d'une des pièces comme modèle. Trempez les rondelles de papier dans de l'eau salée.

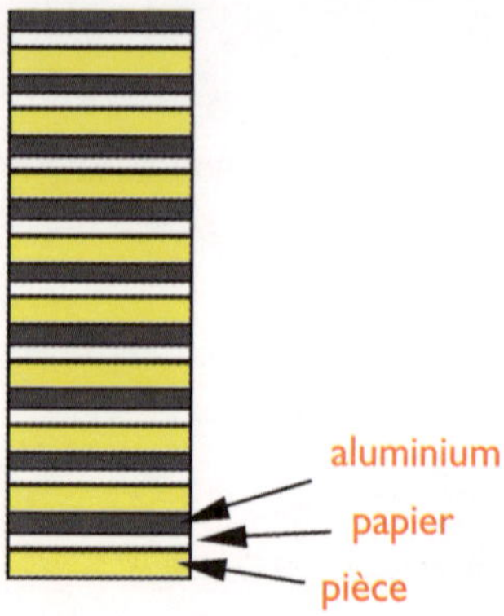

2

Vous pouvez alors fabriquer une pile en intercalant une pièce, une rondelle de papier, une rondelle d'aluminium, puis à nouveau une pièce, une rondelle de papier, une rondelle d'aluminium, et ainsi de suite.

3

Utilisez alors le testeur de l'expérience précédente pour mesurer le courant électrique. La rotation de l'aiguille indique clairement que l'ensemble des pièces forme une pile.

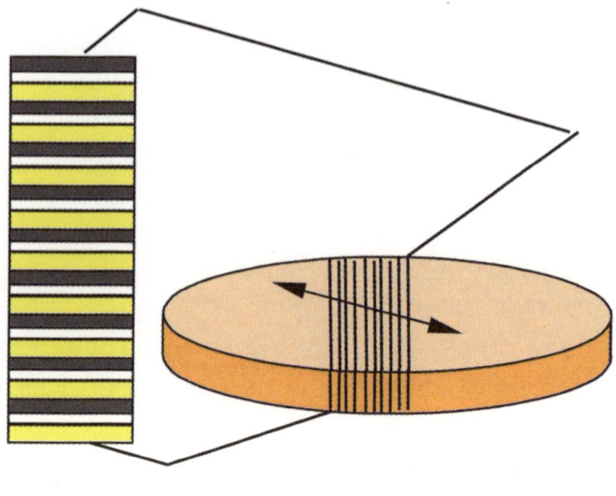

➤ Dans un liquide comme l'eau, les métaux échangent des charges électriques avec le liquide. Et dans ce domaine, tous les métaux ne sont pas égaux. Certains libèrent plus facilement leurs charges que d'autres.

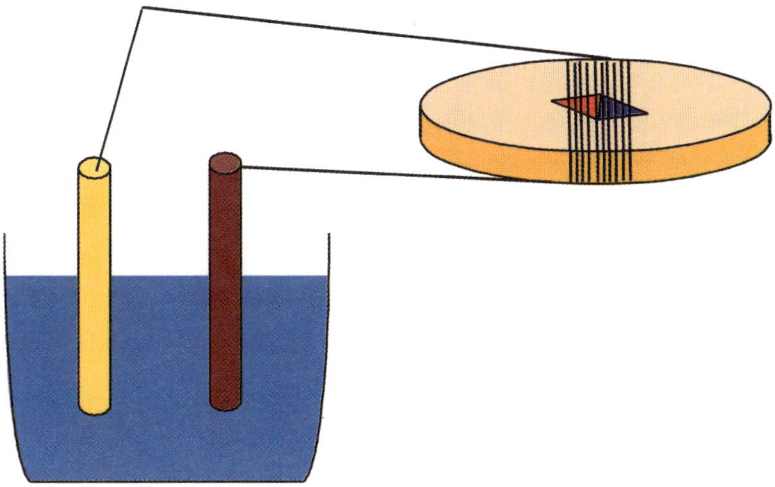

➤ Si vous plongez deux métaux différents dans de l'eau, un courant peut s'instaurer spontanément de l'un à l'autre. Ce courant correspond à un transfert de charge électrique à travers le liquide depuis le métal qui cède le plus facilement ses **électrons** vers l'autre.

La plupart des piles fonctionnent sur le même principe. Votre pile de pièces est une pile de mauvaise qualité. Le courant qui circule d'un métal à l'autre est faible. Mais la tension peut être importante car il y a plusieurs piles placées en séries, c'est-à-dire l'une derrière l'autre. Le courant électrique est un instant suffisant pour faire tourner l'aiguille du testeur. Comme la pile s'essouffle rapidement, le courant diminue et l'aiguille de la boussole revient vite vers sa position de repos.

La valise magique

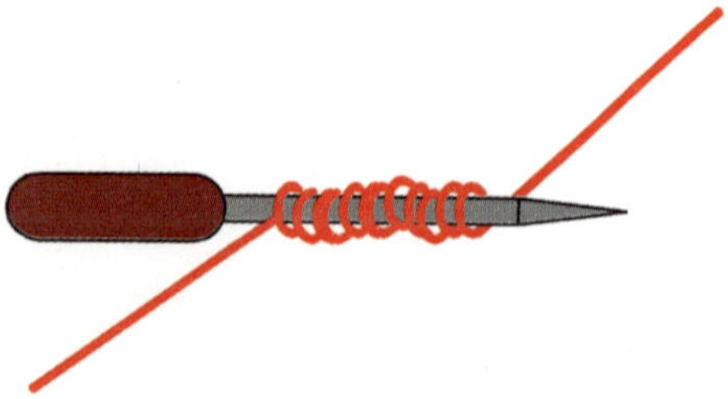

1

Procurez-vous un tournevis et un peu de fil électrique. Enroulez le fil électrique autour du tournevis de manière à former une bobine.

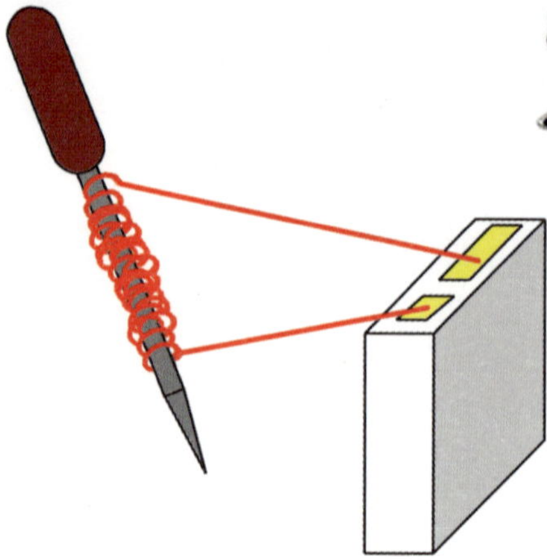

2

Connectez ensuite les deux extrémités dénudées du fil aux bornes d'une pile de 4,5 volts.

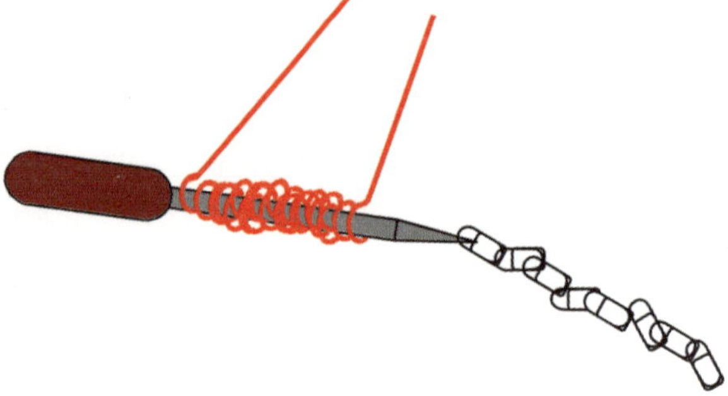

3

Voilà ! Vous pouvez soulever une dizaine de trombones.

➤ Votre système s'appelle un électroaimant. La circulation du courant dans la bobine crée en effet un champ magnétique. C'est suffisant pour aimanter le tournevis qui contient généralement du fer. Certaines grues magnétiques fonctionnent d'ailleurs sur ce principe, elles permettent de soulever des masses métalliques de plusieurs tonnes.

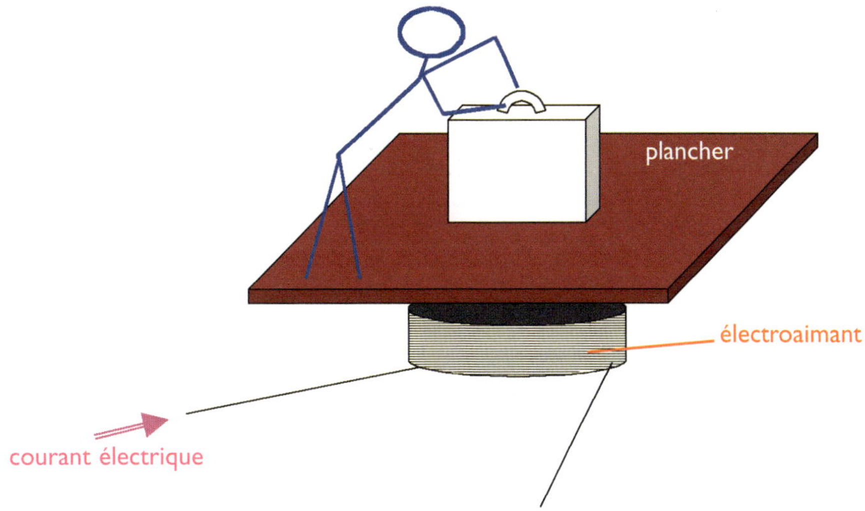

➤ La valise récalcitrante est un célèbre tour de magie. Une malle posée sur l'estrade semble peser plusieurs tonnes. Tout le monde d'essayer en vain de la soulever. La valise, qui porte bien son nom, ne bouge pas d'un quart de pouce. Et pourtant, le prestidigitateur la porte sans effort, et d'une seule main, s'il vous plaît ! Magique ?

L'astuce est simple. Le fond de la valise est en fer. Il est collé au sol grâce à un électroaimant caché sous le plancher de l'estrade. La force est si grande qu'il est impossible de déplacer la valise. Au moment voulu, un complice coupe le courant électrique. La force magnétique disparaît. La valise est alors facile à soulever !

De l'équilibre des choses

Attention à la réaction !

Il ne suffit pas d'exercer une force sur un objet pour qu'il obtempère ! Bien souvent, sa réaction dépend de l'endroit exact où la force s'applique.

➤ Posez un livre sur une table. Il reste dessus parce que son poids qui le tire vers le bas est compensé par la réaction de la table dirigée vers le haut. Soumis à une force totale nulle, le livre reste immobile.

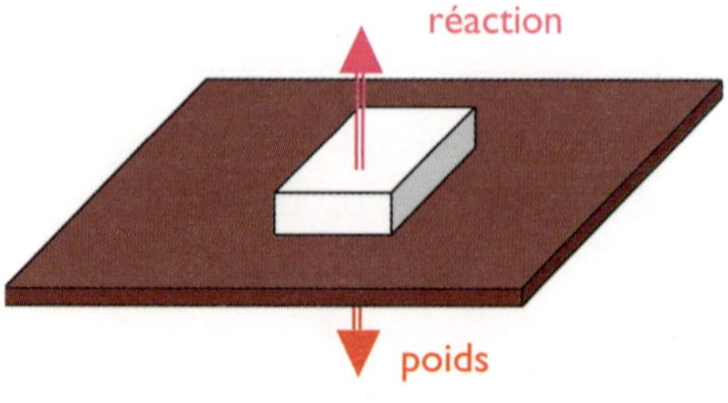

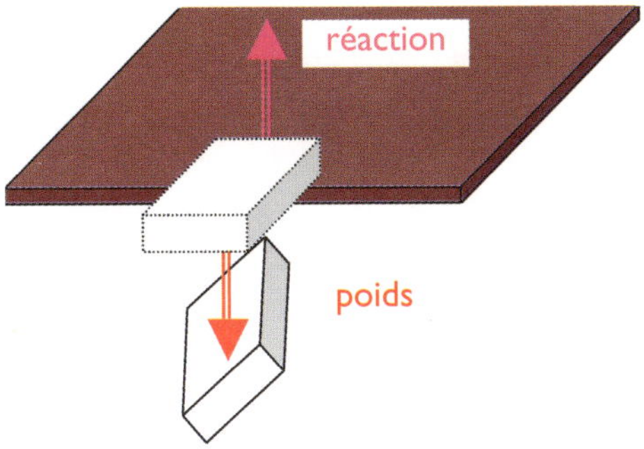

➤ Déplacez le livre sur le bord de la table. Le poids et la réaction ne sont plus exercés exactement au même endroit. Le livre est soumis à un mouvement de rotation qui le fait basculer.

➤ À chaque objet, les physiciens attribuent un point appelé « centre de **gravité** ». C'est une sorte de « point milieu » entre toutes les masses qui composent l'objet. L'intérêt du centre de gravité est simple. Tout se passe comme si l'ensemble du poids de l'objet se trouvait placé au centre de gravité. C'est alors la position du centre de gravité qui détermine l'équilibre de l'objet.

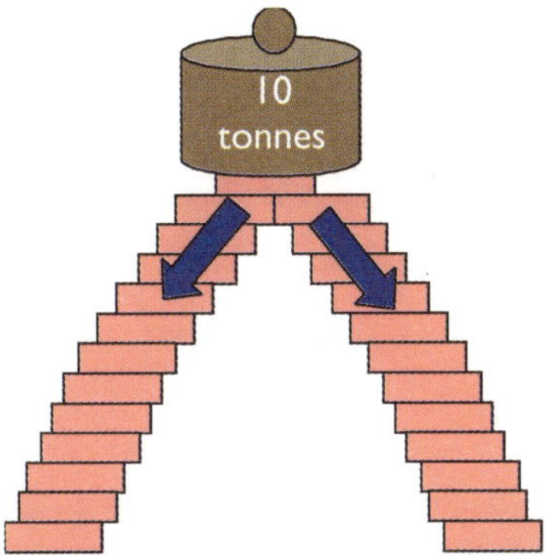

S'il ne peut ni bouger ni tourner, un objet peut se rompre ou changer de forme. Pour estimer sa résistance, il faut connaître non seulement la nature du matériau qui le compose, mais aussi ses modes de déformation.

➤ La coquille d'un œuf, par exemple, est presque aussi fine qu'une feuille de papier, elle semble très fragile. Il suffit en effet d'un petit choc pour qu'elle se casse. Pourtant, de par sa forme, elle résiste à de fortes **pressions**. Il est en effet très difficile de casser un œuf cru bien calé dans la paume simplement en serrant la main.

Une forme similaire a souvent été utilisée dans certaines constructions pour profiter de la rigidité qui en découle. On la retrouve en particulier pour les voûtes des cathédrales. La forme de la voûte transmet efficacement la force au sol ce qui lui permet de supporter des charges importantes.

Les pieds sur la tête

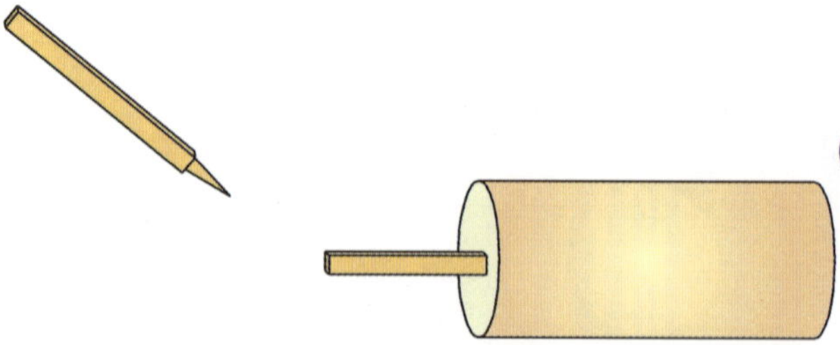

❶

Taillez en pointe une allumette, puis enfoncez-la au centre d'un bouchon de liège.

Impossible de faire tenir l'ensemble en équilibre sur le morceau d'allumette. À la moindre vibration, le bouchon tombe.

❷

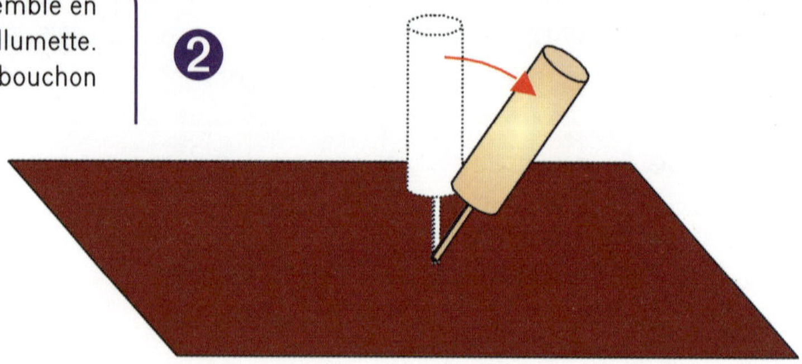

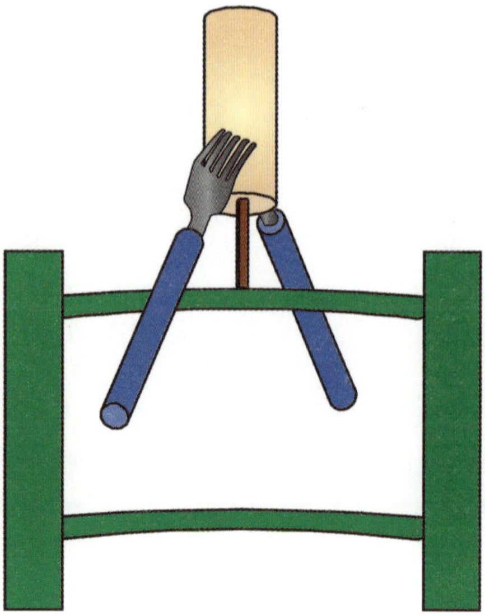

❸

Plantez deux fourchettes de part et d'autre du bouchon. Assurez-vous qu'elles pendent en dessous de l'allumette.

Il vous sera alors facile de faire tenir le tout en équilibre, par exemple sur le dossier d'une chaise.

➤ En ajoutant les fourchettes, vous avez abaissé le centre de **gravité** de l'ensemble. Et dès que le centre de gravité se trouve en dessous du point d'appui de l'allumette sur la chaise, l'équilibre devient stable. C'est un principe général pour un objet qui peut tourner autour d'un point.

➤ Attrapez un bâton par son extrémité supérieure de manière à le laisser pendre vers le bas.
Éloignez-le de sa position d'équilibre, il y revient aussitôt. De fait, quand le bâton s'écarte de sa position d'équilibre, son centre de gravité monte.
L'**attraction terrestre** le ramène vers le bas, c'est-à-dire vers sa position d'équilibre. L'équilibre est stable.

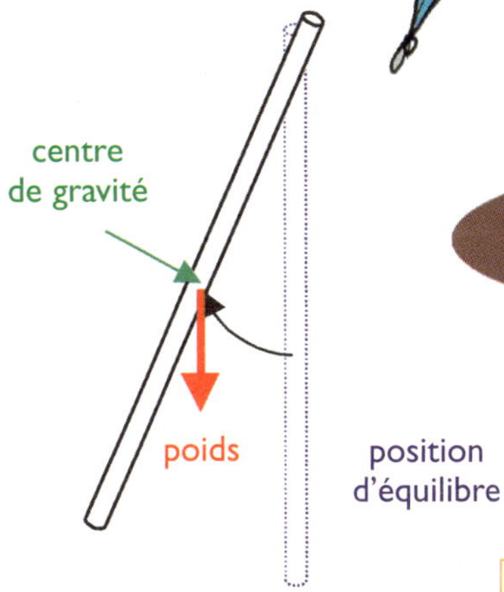

➤ En revanche, maintenir le bâton en l'attrapant par le bas est une opération plus délicate. Il est dans une situation d'équilibre instable. Dès que le bâton s'écarte de sa position d'équilibre, le centre de gravité descend. L'attraction de la Terre, plutôt que de le ramener vers sa position d'équilibre l'entraîne, elle aussi, vers le bas : c'est la chute assurée.

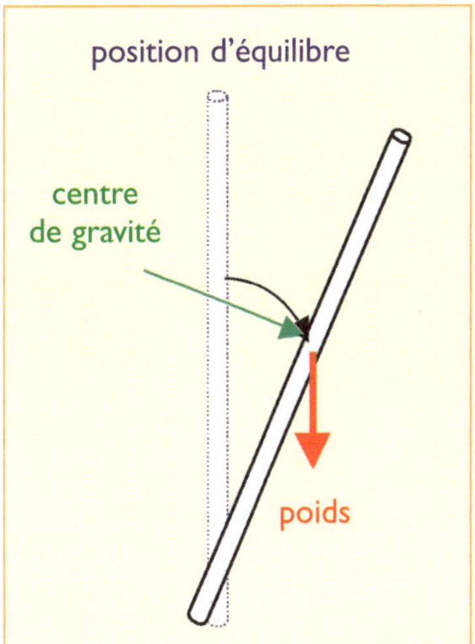

La force du papier

1

Avec une feuille de papier, faites un pont entre deux livres. Posez dessus une pierre grosse comme le poing et l'édifice s'écroule.

2

Pliez la feuille en accordéon. Votre nouveau pont supporte sans broncher le poids de la pierre.

3

Vous pouvez aussi rouler la feuille pour former un cylindre. Pour que la feuille garde sa forme, fixez ses extrémités avec deux morceaux de papier collant. Une fois posée dessus, la pierre restera aussi tranquille qu'une statue sur son piédestal.

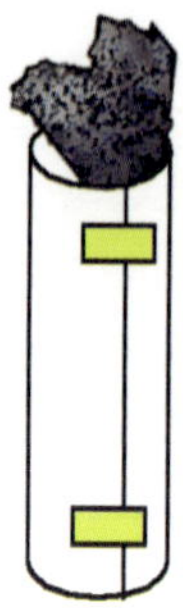

➤ Qui de la pierre ou de la feuille l'emporte ? La première expérience semble montrer que la feuille n'a aucune chance. En fait, la feuille de papier est très solide.
Lorsque vous posez la pierre, la feuille plie ou se tord mais elle ne rompt pas, la pierre ne peut la briser. La seconde expérience rend l'avantage à la feuille. Une fois celle-ci transformée en accordéon, la déformation devient très difficile.

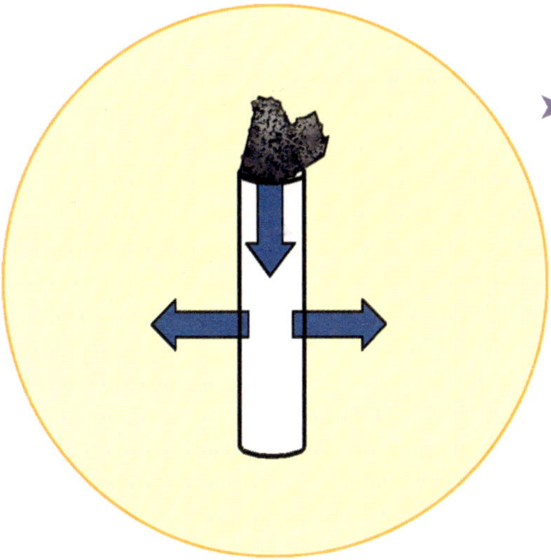

➤ Le cylindre formé en enroulant une feuille de papier supporte facilement un poids important placé sur sa tête. Pourtant la surface sur laquelle repose le poids est très petite. Pour une feuille standard (21 cm x 29,7 cm épaisse de 0,1 mm) la base d'appui est de 0,2 cm2. Avec une pierre de 1 000 grammes, cela fait une pression 5 fois supérieure à la pression atmosphérique.

➤ Le poids du caillou tend à écarter les parois du cylindre. Mais le cylindre ne peut se déformer de cette manière, alors il résiste.

Allongez finalement le cylindre et posez la pierre sur son flanc. Cette fois, il s'écrase sans offrir la moindre résistance.

L'art du paquetage

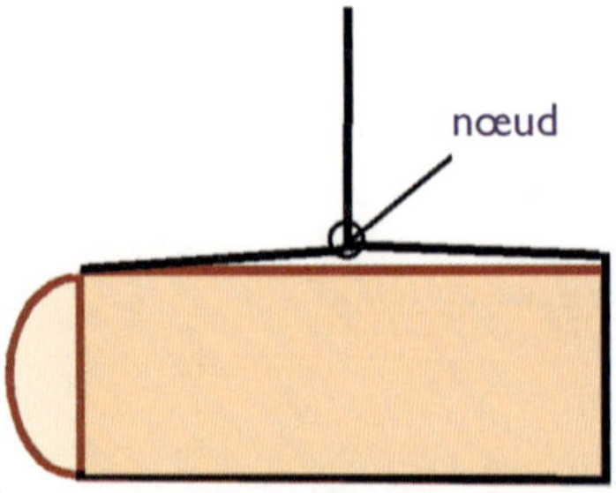

❶ Pour transporter ensemble plusieurs livres vous pouvez former un système de levage avec un fil à coudre.

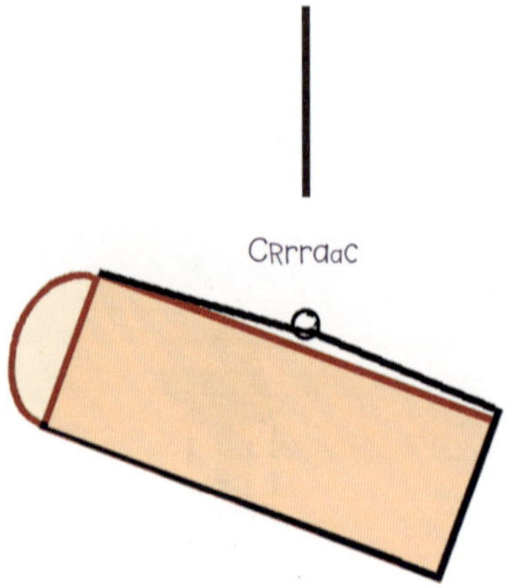

❷ Faites un premier essai en prenant soin de bien serrer la ficelle autour du livre. Vous n'irez pas loin car votre fil casse rapidement.

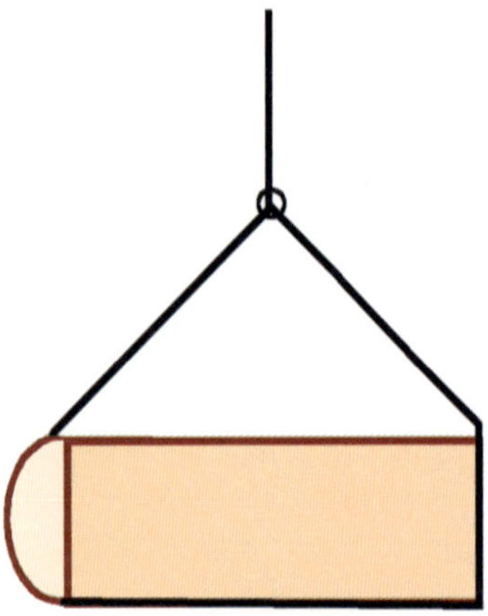

❸ Recommencez en laissant nettement plus de jeu entre le fil et le livre. Vous pourrez le transporter sans casser le fil.

➤ Un objet est en équilibre si la somme des forces qu'il subit est nulle. Lorsque vous tenez le livre, vous exercez dessus une force dirigée vers le haut égale à son poids, lequel tire vers le bas.

Le nœud de raccordement des fils qui soutiennent le livre est aussi en équilibre. Il est, lui, soumis à trois forces : deux forces qui transmettent le poids du livre (F1 et F2), et la force de levage que vous exercez.

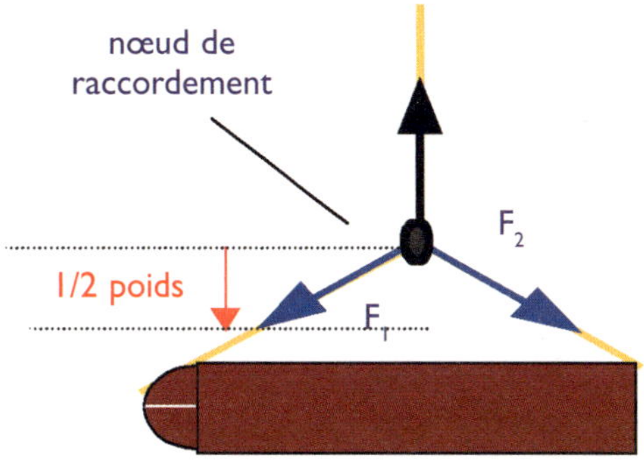

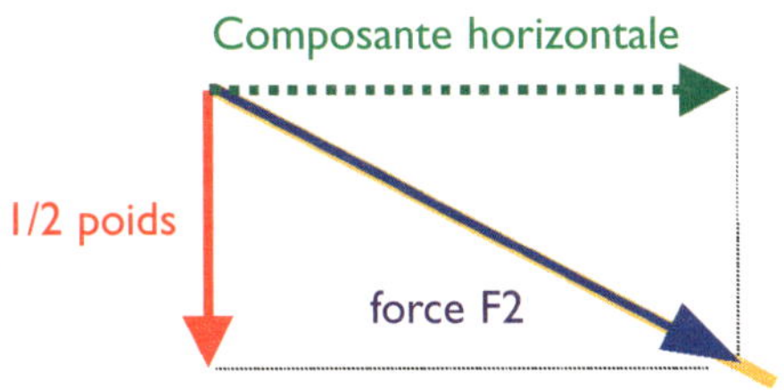

Verticalement, chacune des deux forces F1 et F2 transmet la moitié du poids. Mais puisqu'elles sont dirigées le long des fils, elles ont une **composante** horizontale.

➤ Quand l'angle de raccordement augmente, on passe de la situation (a) à la situation (b) sur la figure, il faut une force plus importante le long de la ficelle pour obtenir une même projection égale à 1/2 Poids sur l'**axe** vertical.

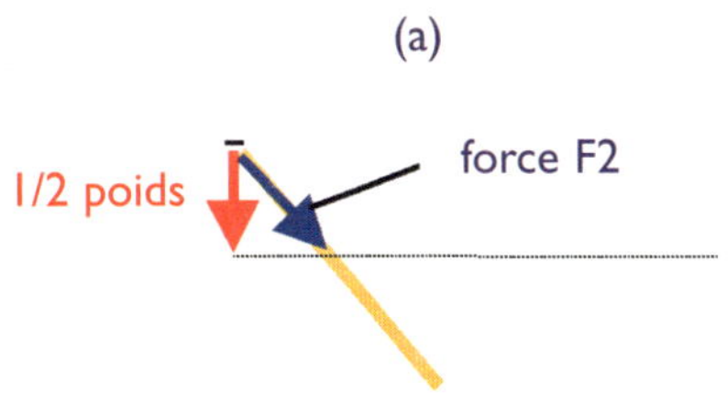

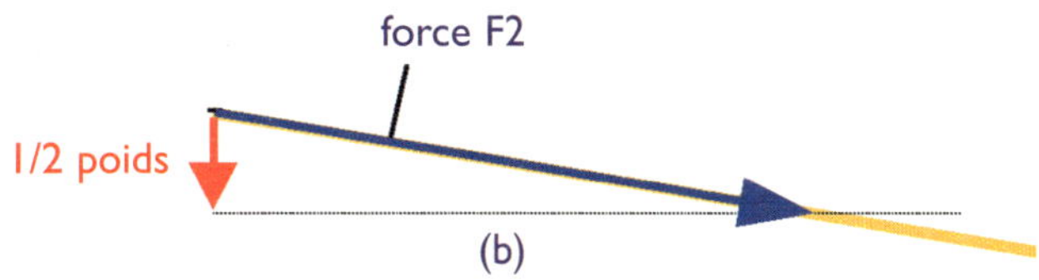

Dans la situation (b) qui correspond au nœud plaqué sur le livre, on peut alors facilement obtenir une force dirigée le long de la ficelle dix fois supérieure au poids. Le fil ne résiste pas à une telle tension, il casse !

L'aiguille perceuse

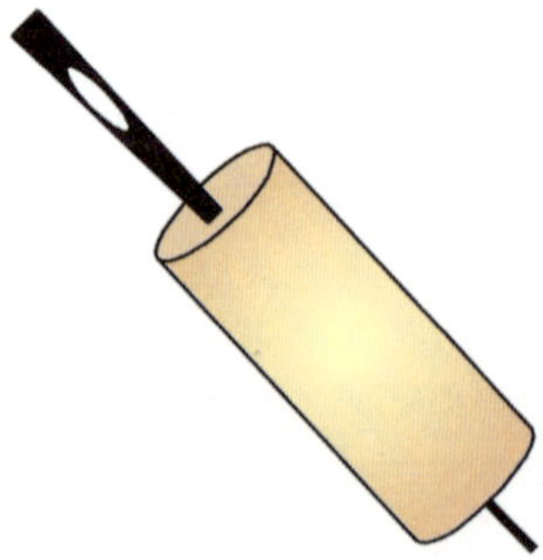

1

Enfoncez délicatement la pointe d'une aiguille au centre d'un bouchon jusqu'à ce qu'elle affleure de l'autre côté.

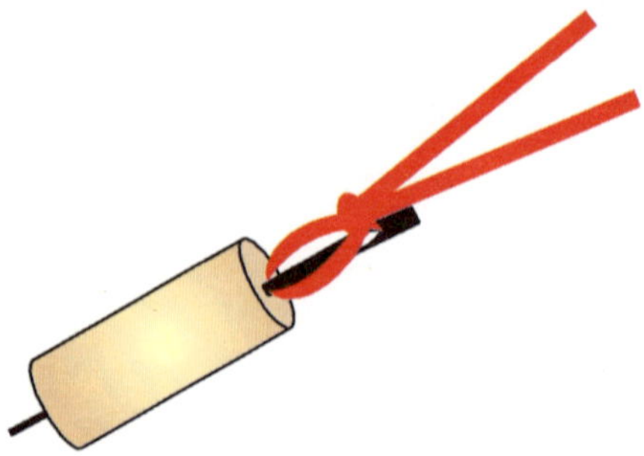

2

À l'aide d'une pince, coupez le bout qui dépasse du côté du chas.

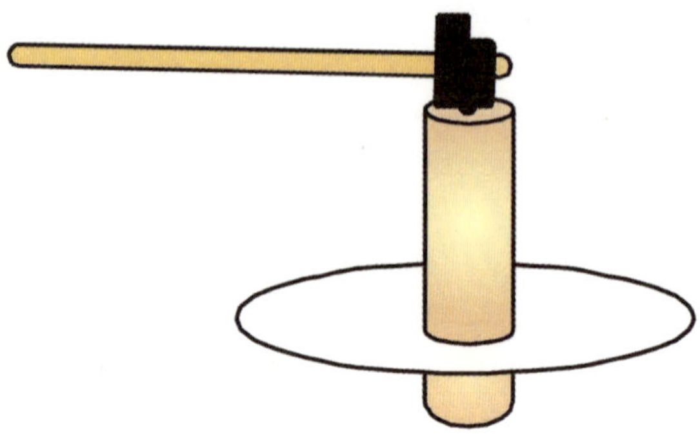

3

Posez l'ensemble sur le couvercle, en prenant la précaution de placer dessous une rondelle de liège. Un petit coup de marteau, et hop ! l'aiguille traverse le couvercle et se plante dans la rondelle du dessous.

➤ Tapez sur une planche de bois avec un marteau. Il y a peu de chance que vous parveniez à la transpercer. Avec un clou, c'est plus facile. La puissance de votre coup se trouve concentrée sur une toute petite surface : la pointe du clou. La **pression** est énorme. La force qui en résulte est alors suffisante pour que le clou se glisse entre les fibres du bois et transperce la planche. C'est d'autant plus facile que le clou est fin et sa pointe de faible surface.

➤ Attention, il y a une limite. Si le coup de marteau est mal donné, et surtout si le clou est trop fin, c'est la catastrophe : le clou se tord.

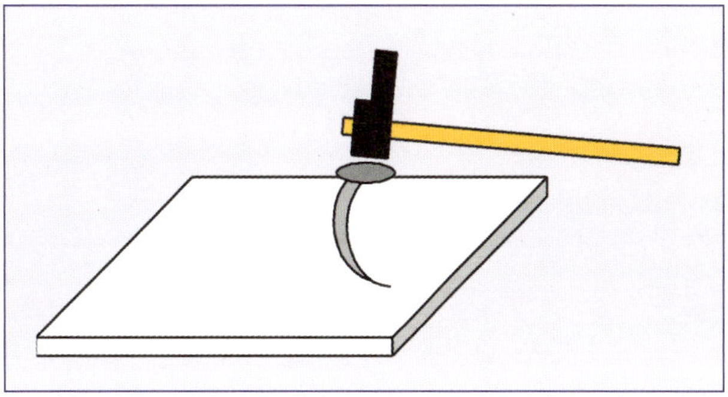

➤ Une aiguille est encore plus fragile. C'est sûrement pour cette raison que l'on tape rarement sur une aiguille avec un marteau.

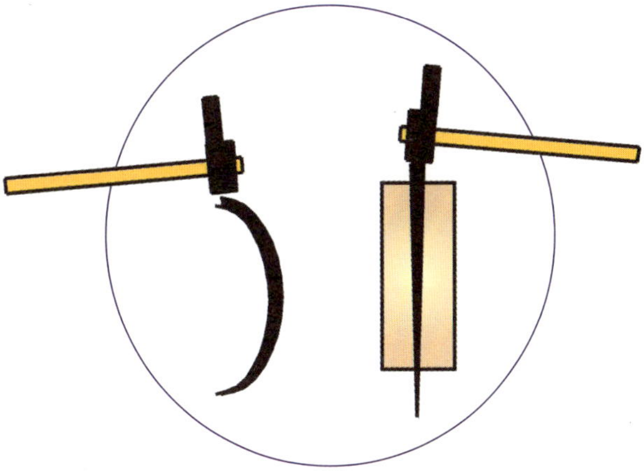

➤ Alors, lorsqu'un bouchon maintient l'aiguille bien droite et l'empêche de se tordre sous le choc, elle ne peut plus se déformer et se comporte comme un gros clou bien rigide.

Comme, de plus, sa tête est très fine, le moindre petit coup de marteau est suffisant pour qu'elle transperce une plaque métallique.

Lexique

➤ Apesanteur
État d'un objet suffisamment éloigné de notre planète pour ne pas subir l'attraction terrestre.

➤ Ascendant
Dirigé vers le haut.

➤ Atome
Particule la plus petite en laquelle un élément pur peut être divisé tout en conservant ses propriétés chimiques. Il est caractérisé par un noyau massif, chargé positivement, et entouré d'électrons répartis sur une ou plusieurs orbites.

➤ Attraction terrestre
Lorsqu'un objet passe au voisinage de la Terre, il subit une force appelée attraction terrestre dirigée vers le centre de la Terre dont l'intensité est proportionnelle à la masse de l'objet.

➤ Axe (de rotation)
Un objet de forme cylindrique reste identique à lui-même par rotation autour de son axe de rotation.

➤ Chute ascensionnelle
Expression utilisée pour le mouvement rapide vers le haut d'un objet peu dense dans un liquide ou dans l'air, par analogie à la chute (dirigée vers le bas) d'un objet soumis à l'attraction terrestre.

➤ Combustion
Réaction chimique résultant de la combinaison d'un combustible (carbone, hydrogène, souffre, etc.) avec en général de l'oxygène qui se traduit par une production de chaleur accompagnée ou non de lumière.

➤ Composante (d'une force)
Une force est représentée par une flèche dont la longueur est proportionnelle à son intensité. Quelle que soit la direction de la force, elle peut être décomposée comme la somme d'une composante horizontale, et une composante verticale.

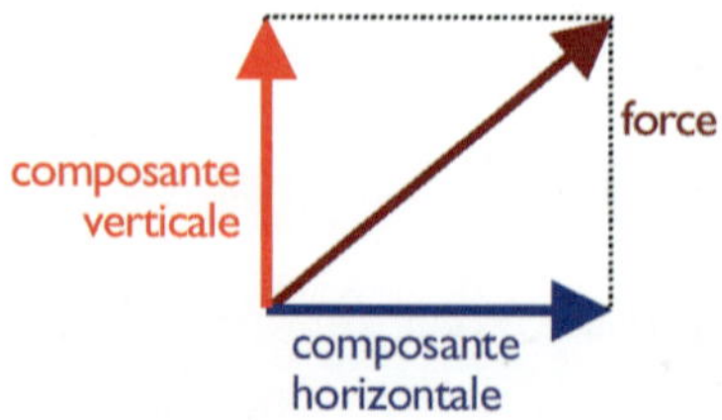

➤ Comprimer (se)
Réduire la taille d'un objet ou le volume occupé par un gaz, en général par l'application d'une pression.

➤ Compression
Action qui vise à comprimer.

➤ Débit
Quantité de liquide ou de gaz débité par unité de temps.

➤ Dense, densité
Rapport entre la masse d'un certain volume de liquide ou de solide et celle du même volume d'eau. Pour un gaz, la comparaison se fait avec de l'air dans les conditions normales de température et de pression.

➤ Diamètre
Longueur du segment de droite passant par le centre d'un cercle et s'arrêtant à la circonférence.

➤ Électron
Particule élémentaire stable portant une charge négative qui, dans un atome, gravite autour du noyau. Dans un fil électrique, le courant électrique correspond à un déplacement des électrons du conducteur.

➤ Expansion thermique / dilatation thermique
Augmentation des dimensions d'un corps, provoquée par une élévation de température.

➤ Fréquence
Un phénomène est dit périodique s'il se reproduit à l'identique avec une certaine période, T. La fréquence, f, est l'inverse de la période, $f = 1/T$, c'est-à-dire le nombre d'oscillations par seconde.

➤ Gravité / pesanteur
Depuis Newton nous savons que deux masses exercent entre elles une force attractive. La gravité est le résultat de cette attraction. Sur la Lune, elle est six fois moindre que sur la Terre.

➤ Ion
Atome auquel on a ajouté ou ôté un ou plusieurs électrons.

➤ Masse
Grandeur physique fondamentale caractérisant la quantité de matière d'un corps. Elle est par nature indépendante de la pression, de la température et de l'état physique de ce corps.

➤ Molécule
Groupe d'atomes liés entre eux par des liaisons chimiques et formant une structure qui se conserve lors des changements d'état physique (liquéfaction, solidification, etc.). La molécule d'eau est formée de deux atomes d'hydrogène et d'un atome d'oxygène.

➤ Nanomètre (nm)
Unité de mesure de longueur qui représente la millième partie d'un micron c'est-à-dire la millième partie d'un millionième de mètre, soit un milliardième de mètre.

➤ Périmètre
Ligne, contour qui limite une figure plane ou une région donnée.

➤ Perpendiculaire
Qui forme un angle droit. Deux droites sont perpendiculaires, si à leur intersection elles forment un angle de 90°. Une droite est perpendiculaire à un plan si elle est perpendiculaire à toutes les droites contenues dans ce plan qu'elle croise.

➤ Pression
Rapport entre la force, F, exercée perpendiculairement à un élément de surface et l'aire, S, de cet élément : $P = F/S$.

➤ Rayon
Longueur du segment de droite joignant le centre d'un cercle à un point quelconque du cercle.

➤ Réfraction
Phénomène caractérisé par le changement de la direction de propagation d'un rayonnement au passage d'un milieu à l'autre.

➤ Tension superficielle
Ensemble des forces qui donnent à la surface libre d'un liquide des propriétés semblables à celles d'une membrane élastique.

➤ Thermique
Relatif à la forme d'énergie qu'est la chaleur.

Quiz

1) Pourquoi les deux chaudrons restent-ils plaqués l'un contre l'autre ?
parce qu'il y a trop d'air à l'intérieur
parce qu'il n'y a pas d'air à l'intérieur

2) Si l'on pose une boule de papier sur une règle et que l'on frappe sur celle-ci, que se passe-t-il ?
la boule de papier ne bouge pas
la boule de papier est projetée

3) Une grue qui utilise la pression d'un liquide pour soulever des charges est :
hydraulique
thermique

4) Pour qu'un bouchon entre dans une bouteille quand on souffle, que faut-il ?
que la bouteille soit percée
que la bouteille soit fermée

5) Lorsqu'un courant important d'air sort d'un embout étroit, il se disperse dans toutes les directions en produisant un effet :
d'aspiration sur l'air qui l'entoure
de compression sur l'air qui l'entoure

6) Par rapport à l'eau, le métal est :
moins dense
plus dense

7) Chaque molécule d'eau est composée d'un atome d'oxygène et de :
deux atomes d'hydrogène
deux atomes d'hélium

8) Qu'est-ce qui retient une goutte d'eau et l'empêche de tomber ?
la tension artificielle
la tension superficielle

9) Vous plongez une paille dans l'eau et obturez l'ouverture du haut avec votre doigt. Que se passe-t-il si vous retirez la paille ?

l'eau s'écoule

l'eau reste piégée à l'intérieur de la paille

10) Lorsqu'un fluide est en mouvement, sa pression :

diminue

augmente

11) La pression s'abaisse d'autant plus que l'air circule :

plus vite

plus lentement

12) Tout corps plongé dans un liquide subit une force dirigée vers le haut ! Ce principe a pour nom :

principe de Bernoulli

poussée d'Archimède

13) Un œuf cru coule dans l'eau douce parce que par rapport au liquide, il est :

moins dense

plus dense

14) Lorsqu'une aiguille est neuve, ses minuscules aimants sont orientés :

dans toutes les directions

dans une même direction

15) Le « point milieu » entre toutes les masses qui composent un objet est son :

centre d'apesanteur

centre de gravité

RÉPONSES QUIZ

1) parce qu'il n'y a pas d'air à l'intérieur.
(voir Une affaire de pression)

2) la boule de papier est projetée.
(voir Le presse-papiers)

3) hydraulique
(voir La force de l'air)

4) que la bouteille soit percée
(voir Un bouchon qui dit non)

5) d'aspiration sur l'air qui l'entoure.
(voir Les caprices de la flamme)

6) plus dense
(voir La surface des choses)

7) deux atomes d'hydrogène
(voir La surface des choses)

8) la tension superficielle
(voir De la taille des gouttes)

9) L'eau reste piégée à l'intérieur de la paille.
(voir Superficielle, mais efficace !)

10) diminue
(voir Le principe de Bernoulli)

11) plus vite
(voir Courants d'air)

12) poussée d'Archimède
(voir La poussée d'Archimède)

13) plus dense
(voir Prisonnier entre deux eaux)

14) dans toutes les directions
(voir Le démon magnétique)

15) centre de gravité
(voir De l'équilibre des choses)